신개념한국명리학총서 ⑤

꿈해몽은 이렇게 한다

(꿈은 이렇게 해몽한다)

정용빈 편저

 법문북스

차   례

제 1 장

제 2 장

1. 꿈해몽

4

가구, 가방, 가족, 강, 강도, 개, 거북, 거울, 거품, 건강, 결혼, 경찰, 계산, 고양이, 고향, 곡물, 곤충(虫), 과일, 관, 광장, 구름, 군인, 그릇(器), 그림, 기차, 길, 꽃

나무, 나체, 낙하, 노래, 눈(目), 눈(雪)

다리(脚), 달(月), 담(墻), 대나무, 대변, 도둑, 도망, 도박, 도보(徒步), 돈, 돗자리, 돼지, 땀(汗)

마시다, 마차, 말, 머리, 모임, 모자, 목, 목욕, 문(門), 물(水), 물고기, 미끄러지다

방향(方向), 배(船), 배(腹), 뱀, 변기(便器), 별(星), 보석, 부상(負傷), 불(火), 비(雨), 비행(飛行), 빛(光)

산(山), 살인, 새, 색깔, 샘, 생각, 선물, 성교, 소, 소리(聲), 소변, 손(手), 손님, 수영, 술(酒), 숲(林), 스님(僧), 시체·무덤, 시험, 신령(神靈), 싸움

안개, 야채, 약(藥), 어깨, 어린이, 얼굴, 여행, 연못, 예술, 예절, 오락, 올라가다, 옷, 용(龍), 우물, 운동(運動), 음식, 이불, 입(치아·혀)

제1장 꿈의 정체

1. 꿈의 정체

우리 인간은 저 아득한 옛날부터 누구나 꿈을 꾸어왔다. 그런데 꿈이란 도대체 그 정체가 무엇일까? 정말 꿈같은 이야기다.

여기에 대해서는 여러가지 학설이 구구하고 다양하나 과학 문명이 고도로 발달한 오늘에 이르기까지 정설이 없고, 허다한 석학들이 다방면으로 연구를 하면서 그 정체를 밝히려는 수수께끼 가운데 하나이다.

현재까지 과학적인 측면에서는 사람의 두뇌에 대뇌와 소뇌가 있는데, 사람이 평상시 활동할 때에는 대뇌가 활동을 하고 잠을 잘 때에는 소뇌가 활동을 하여, 대뇌의 잠재 의식이 소뇌의 활동에 의해서 나타나는 현상이라 하였다.

한편 심리학적 측면에서는 사람이 항상 생각했던 것과 보고(視), 듣고(聽), 느낀것(感) 등의 잠재적 의식이 잠잘 때에 나타나는 현상(現象)이라 하였으며, 정신 분석의 창시자인「프로이드(Freuds)」박사는 현실에서 충족하지 못한 소망이나 달성하기 힘든 소원을 꿈속에서 충족 시키려는 표현이라 하면서, 이는 예시적(豫示的)이며 예언적(豫言的)인 일면을 갖는다고 주장했다.

아무튼 꿈이란 과학적인 분석으로도 풀기가 어려운 불가사의 (不可思議)한 무형의 현상이라 신비롭기만 하다.

장자(莊子)의 제물편(齊物篇)에 나오는 나비꿈(蝴蝶夢)처럼 사람은 과연 생시같은 꿈을 꾸고 있는 건지 꿈같은 삶을 살고있 는 건지 모를 일이다.

⬚ 장자(莊子, 莊周)의 나비꿈(蝴蝶夢)

<나는 나비가 되었다. 훨훨 나는 범나비였다. 스스로 기분이 좋아서 그것이 나 장주(莊周)인것을 알지 못하였다. 조금 뒤에 문득 깨어보니 놀랍게도 장주였다. 모를 일이로구나. 장주가 나 비되는 꿈을 꾼 것일까? 나비가 장주된 꿈을 꾼 것일까?>

이처럼 꿈속에서는 자기가 나비도 되고 새나 용이 되어 하늘 을 나르기도 한다.

2. 꿈의 형태

　사람은 누구나 많은 꿈을 꾼다. 사람에 따라서 거의 매일밤 꿈을 꾸는 사람도 있고, 열흘에 한번 또는 한달에 한번 꼴로 꾼다는 사람도 있으며, 혹자는 눈만 감으면 꿈을 꾸어서 큰일이라는 사람도 있다. 그리고 그 꿈의 형태도 다양하고 각양각색이다.

　황홀하게 아름답고 즐거운 꿈, 슬프거나 겁이나는 무서운 꿈, 도무지 상상도 불가한 기괴한 꿈, 남에게 창피해서 말도 할 수 없는 부끄러운 꿈 등등이 있고, 또 어른이 아이로 둔갑하고 건강한 사람이 터무니 없이 송장이 되기도 하며 홀쭉한 약골이 위풍 당당하게 장수가 되는 등 꿈의 세계도 천태 만상이다.

　그리고 우리는 생활 주변에서 이런말도 자주 듣는다.

　「간밤에 꿈자리가 뒤숭숭 하더니 재수가 없군」

　「어쩐지 꿈이 좋더라니」

　「밤새도록 꿈만 꿨더니 몸이 나른해 죽겠다」

　「생시엔 얼굴만 봐도 부끄럽던 그이를 꿈에서는 내가 꼭 끌어안았어요. 호호호…」 등등 정말 알다가도 모를 신비로운 것이 꿈이라 여겨진다.

▨ 태평 광기(太平廣記)에 있는 남가 일몽(南柯一夢)을 보면 다음과 같다.

※ 남가 일몽이란 남쪽으로 뻗은 나뭇가지 밑에서 꾼 꿈이란 뜻이다.

<당(唐)나라 덕종(德宗)때 강남쪽 양주(楊州) 땅에 순우분(淳于棼)이란 사람이 살고 있었다.

그의 집 남쪽에는 몇 아름이나 되는 큰 괴화나무가 수십 평의 그늘을 지우고 있었는데, 여름철에 친구들과 어울려 괴화나무 밑에서 술을 마시며 즐기곤 했다.

하루는 밖에서 술이 취한 순우분이 그의 집으로 업혀 와 처마 밑에 잠시 바람도 쏘일겸 누워 있다가 어렴풋이 잠이 들었는가 했는데, 문득 바라보니 뜰 앞에 두 관원이 넙죽히 엎드려 있었다. 그들은 머리를 들고 「괴안국(槐安國) 왕의 어명을 받잡고 모시러 왔습니다」 한다. 순우분은 그들을 따라 문밖에 대기하고 있던 네 마리의 말이 끄는 마차에 올라탔다. 마차는 쏜살같이 달리더니 큰 괴화나무 뿌리 쪽에 있는 나무 굴로 들어갔다.

처음보는 풍경속을 수십 리를 지나 화려한 도성에 와닿으니 왕궁이 있는 성문에는 「대괴안국(大槐安國)」이라 쓰여 있었다.

국왕을 만나자 국왕은 그를 부마로 삼았고, 4~5명의 시녀까지 따르게 되었다. 이윽고 남가군(南柯郡) 태수(太守)로 임명되어 친구 두사람을 보좌역으로 데리고 부임을 하였다. 그로부터 20년 동안 태평을 누리면서 자녀까지 얻고 그 위세와 영광은 이를데 없었다. 20년이 되던해에 「단라국(檀羅國)」군대가 불의에 침범하여 크게 패하고 아내도 죽었다. 그는 태수를 사임하고 서울로 돌아오니 국왕 내외는 그에게 고향을 떠난지 오래니 고향을 갔다가 3년후에 다시 만나자고 약속을 하였다.

그는 처음 그를 맞이하러 왔던 관현들에 의해 옛집으로 돌아오니 그늘에 자고있는 자기 모습이 보였다. 깜짝 놀라 눈을 크게뜨니 꿈이 였다. 그가 다시 괴화나무 굴로 들어가 살펴보니 성(城) 모양을 한 개미집이 「대괴안국」의 왕궁이었다. 그는 감개가 무량하여 그 구멍을 본래대로 다시 고쳐 두었는데 그날밤 폭풍우로 흔적 마저 보이지 않았다. 그는 남가(南柯)의 꿈에서 인생의 허무함을 깨닫고 도술에 전념 하다가 죽었는데, 이때가 남가국에서 약속한 3년이 되는해 였다고 한다.

이는 사람의 덧없는 일생과 꿈의 신비로움을 말해주고 있다.

3. 꿈의 분류

　우리가 흔히 꾸는 다양한 꿈 가운데에는 뚜렷하게 떠 오르는 선명한 꿈도 있으나, 때로는 밤새도록 많은 꿈을 꾸었어도 무슨 꿈을 꾸었는지 종잡을 수 없는 허황한 꿈도 많다. 이를 크게 나누면,

　첫째 「영몽(靈夢)」은 모든 존신불(尊神佛) 또는 선조(先祖) 고인(故人)들이 꿈속에 나타나서 길흉을 알리는 암시적(暗示的)인 꿈이다. 이는 대개 마음이 순결한 수도인이나 또는 소원 성취를 열망하면서 정성을 드리는 기도인에게 잘 현몽을 한다. 그리고 앞으로 크게 좋은 일이 생기거나 흥패한 일이 가로 놓여 있을 경우에 현몽하여 암시를 해주는 신령한 꿈이다.

　둘째 「정몽(正夢)」은 본일도 없고 듣고 느낀적도 없으며 마음 먹은바나 생각한 바도 없는데 돌연히 꿈속에 뚜렷이 나타나며, 깨어나서도 꿈속의 전후 현상이 기억에 생생히 남아있는 올바른 꿈이다. 그리고 어떤 목적이나 어떤 사정에 의하여 극도로 심려 하였을때 그것이 실현 되거나 그에 대한 독특한 결과가 이루어

지려는 경우에 암시하는 현실과 부합되는 꿈이다.

셋째 「심몽(心夢)」은 자기가 평상시에 마음 먹었던 일, 느꼈던 일, 항상 심려 하였던 일들이 꿈에 다시 나타나는 꿈이다.

넷째 「허몽(虛夢)」은 마음과 몸이 몹시 허약할 때나 마음이 공허하고 허망할 때에 현상되는 환상과 같은 꿈이다.

다섯째 「잡몽(雜夢)」은 허영과 허욕에 집착되어 전혀 실현이 불가능한 잡다한 현상을 꿈속에 재현하는 꿈을 잡몽이라 한다.

□ 이 꿈은 「영몽(靈夢)」인데, 삼국지(三國誌)에서 유현덕(劉備)이 서촉(西蜀) 땅을 정벌할 때 꾼 꿈이다.

어느날 밤 <신인(神人)이 나타나 철퇴로 자기의 오른쪽 팔을 내려쳐서 크게 놀라 깨었다>

이 꿈을 깨고 오른편 팔이 아픈 느낌을 받았다며 심히 불길하게 생각하고 있었더니, 곧 군사(軍師)인 방통(龐統)이 전사를 했다는 보고가 왔다고 한다.

□ 이 꿈은 숙종대왕이 어느날 낮잠을 자다가 꾼 현실과 부합되는 「정몽」이다.

<꿈: 장희빈이 있는 궁에서 조그만한 용 한마리가 피투성이가 되어 꿈틀거리는 것을 보았다>

대왕은 하도 이상하여 장희빈 궁으로 가 보았더니, 장희빈이 최숙빈을 곤장으로 쳐서 피투성이를 만들었다. 이때 왕이 오는 것을 알고 독안에 감추어 둔 것을 대왕이 목격하게 되었다. 그때 최숙빈은 이미 왕자를 잉태하고 있었는데 그가 후일에 영조(英祖) 임금이 되었다고 한다.

4. 꿈에 대한 신앙

아득한 옛적부터 고대 민족들은 동서양을 막론하고 꿈에 대한 커다란 의의를 두고서 이를 실제 생활에 이용할 수 있는 것으로 믿고 있었다. 그것은 꿈에서 예시(豫示)를 끌어내고 앞날에 전개되는 징조를 찾으려했다. 전쟁을 할 때에도 반드시 해몽가(解夢家)를 대동하고 꿈의 표상(表象)에 의해서 전쟁을 치루기도 하였다. 그 한 예를 들면, 알렉산더 대왕이 원정을 하여 타이어 시를 공격할 때 시민들의 저항이 너무나 완강하여 공격을 포기하고 철군계획을 구상하던 어느날 밤, 알렉산더 대왕이 다음과 같은 꿈을 꾸었다.

<세터 신(산양의 다리를 가진 숲의 신)이 대왕의 방패 위에서 춤을 추고 있는것을 보았다>

대왕은 곧 수행한 해몽가에게 물으니, 해몽가는

「대왕! 이것이야 말로 타이어 시가 함락될 전조(前兆)입니다」

라고 대답하였다. 이래서 대왕은 철군계획을 중지하고 다시 공격을 감행하여 마침내 타이어 시를 점령 하였다고 한다.

□ 고대 중국에서도 양문광(楊文廣)장군이 유주(柳州) 지방 전투에서 적에게 포위되어 3개월 동안이나 격전을 거듭하던 어느날 밤 다음과 같은 꿈을 꾸었다.

<장군이 진을 치고있던 두개의 산이 달아나는 것을 보았다>

불길한 징조인 줄 알고 크게 근심하였으나 해몽가는

「두개의 산은 2산(二山)이며 그것은 날출(出)자가 되어 적군이 공격을 근지하고 떠남을 뜻하는 것입니다」라고 해몽을 했다. 그런데 정말 이 꿈을 꾼 다음날, 적군은 공격에 너무 지쳐 스스로 포위망을 풀고 물러 갔다고 한다.

아무튼 꿈은 고대로부터 신기하고 오묘하여 신앙적 숭배까지 받아왔다.

5. 꿈의 상징

　꿈은 있는 그대로 나타나기도 하지만 대개 무엇이던가 바뀌어서 나타나는 수가 많다. 이것을 「프로이드」는 「꿈의 왜곡(歪曲)」이라고 하는데, 이는 무의식적 소원의 어떤 병용이라고도 볼 수가 있다. 일반적으로 사용되고 있는 꿈의 상징과 그 꿈을 꾼 사람의 인품 및 생활 환경 그리고 그 꿈을 생기게 한 계기와 여건 등을 고려해야 한다. 그리고 상징 관계의 본질은 비교이지만 임의로운 비교는 아니다. 이 비교에는 특별한 조건이 따르는것도 아니고 또한 우리가 어떤 대상이나 그 과정을 비교할 수 있게 전부 꿈속에서 상징으로 되어 나타난다고는 단정할 수가 없다. 그리고 꿈은 아무것이나 임의의 것을 상징화 하지를 않고 잠재 사상, 잠재 의식의 어떤 특정한 요소만을 상징화 한다고 한다. 상징의 개념은 현재로서는 명백하게 한정을 못내리고 있으나 다만 대리 묘사 등에 비교하면 윤곽이 희미하나마 암시에 가까운 유사한 점이 있다고 「프로이드」는 말하고 있다.

　꿈속에서 상징적으로 표현되는 사물의 범위도 그다지 광범한 것은 아니다. 신체의 전부, 부모, 어린이, 형제 자매, 출생, 죽음, 나체, 건물 등등이 있다.

□ 대개 「건물」의 경우, 벽이 울퉁불퉁하게 요철(凹凸)이 없는 것은 남자를 상징하고, 잡을수 있는 발코니 같은것이 달린집은 여자로 본다.

□ 「부모」는 꿈속에서 황제나 황후 같은 훌륭한 사람으로 되어 나타나고 꿈이 몹시 경건스럽다고 한다.

□ 「어린이」와 「형제 자매」에 대해서는 그다지 상냥하지 못한 태도를 취하고 때로는 작은 동물로 상징되기도 한다.

□ 「출생」의 대부분은 물과 연관성이 있는 것들에 의해서 상징되는데 이를테면 물속에 떨어지거나 물속에서 나오기도 하고, 사람을 물속에서 구원도 하며, 또한 구원을 받기도 한다.

□ 「죽음」은 꿈속의 여행이나 여행에 의해서 대행되고, 죽음의 상태는 여러가지 어두운 상태에서 머뭇거리는 암시에 의해서 표현 된다고 한다.

□ 「나체」는 의복에 의해서 대리된다

이렇듯 상징적 표현과 암시적 표현의 한계가 대단히 애매하다. 그러나 성생활, 성기(性器), 성현상(性現象), 성교(性交) 등은 풍부한 상징에 의해서 표현이 되고 꿈에 가장 많이 상징되기도 한다.

처녀가 꾸는 무서운 꿈 가운데는 칼이나 총을 가진 남자에게 쫓기는 장면이 흔히 상징되는데 칼이나 총 또는 그 형체가 비쭉 나온것은 남자의 성기를 상징적으로 대리를 한다. 예를 들면 우산, 막대기, 수도꼭지, 물통, 분수, 연필, 망치 등이라 하겠다.

여자의 성기는 물건을 그 속에 넣을수 있는 공간을 가지는 특징을 갖추고 있는데 예를 들면 구멍, 동굴, 항아리, 병, 상자, 주머니, 선박, 난로, 찬장, 방 등이 상징적으로 표현이 된다. 그리고 동물중에서는 달팽이, 조개가 되고, 신체의 부분중에서는 입, 건물에서는 교회 등을 여성적 상징으로 보고있다. 유방은 성기의 일부로 보아야 하나, 이는 사과, 복숭아 등 일반적으로 과일에 의해서 표현이 된다.

동양의 꿈 이야기는 대개 태몽에 관한것이 많다. 꿈에 선관(仙官)이 나타나서 여의주(如意珠)를 준다던가, 용이나 호랑이 같은것이 상징되는 꿈들이 많다.

□ 이율곡(李栗谷)선생의 어머니 사임당 신(申)씨가 강원도 북평에 있을때 꾼 꿈이다.

<하루는 동해 바닷가에 가니 웬 선녀가 바다에서 살결이 흰 옥동자를 안고 나와서 안겨주고 사라졌다>

이 꿈을 꾼지 얼마 후에 아들 이이(李珥)를 낳았다고 한다.

꿈의 상징은 대개 비유해서 많이 표상되는데. 당나라 형주태수(刑州太守) 이승미(李勝美) 부부가 꾼 꿈을 풀이해 본다.

어느날 밤 꿈에서 <자기의 머리가 범의 머리가 되었다> 그의 부인도 똑같은 꿈을 꾸었다.

이 꿈은 이씨가 형주태수로 있을때 꾼 꿈인데 이 꿈을 꾼지 얼마후 그는 재상의 위에 오르고 아내도 따라서 왕비가 되었다고 한다. 이 꿈을 풀이하면 아내는 보편적으로 남편에 관한 꿈을 대신 꾸기 때문에 아내의 꿈만으로도 그는 능히 재상이 될 것을 예지(豫知)한 꿈이다. 사람의 머리는 중추적 역할을 하기 때문에 이는 통수부를 상징한다. 그 머리가 호랑이 머리로 변한 것은 맹수와 같은 위력을 가진다는 의미에서 일국의 재상이 될 수 있음을 암시하는 꿈이 된다.

6. 꿈은 미신이 아니다

꿈은 누구나 꾸고 있는 「현상」이면서도 꿈의 정체에 대해서는 정확하게 아는 사람이 적다.

그런데 꿈, 특히 「해몽」하면 미신이라고 일소하는 사람도 간혹 있다. 하지만 꿈이 엄연한 생리적 또는 심리적 현상인 것과 마찬가지로 해몽 또한 절대로 미신은 아니다.

왜냐하면 꿈속에 나타나는 일은 반드시 생시와 깊은 관련성을 가졌고, 이것을 분석 검토해 보면 현실에 대한 미래나 현재의 어떤 사실을 예시(豫示)해주는 잠재적인 힘을 지니고 우리의 일상생활에 계시(啓示)를 주고있다. 그런데 이 계시를 우매하고 경솔한 것이라고 친다면 이는 지각있는 지성인이 취할바는 아니라고 본다.

꿈은 잠잘때 꾸었다가 그대로 망각해버리는 꿈과, 잠을 깨고 나서까지 뚜렷하게 기억되는 꿈이 있는데, 잠이 깬후까지 선명하게 기억되는 꿈은 그 만큼 인상이 강렬하고 마음속에 의식적이건 무의식적이건 평소 간직하고 있던 생각과 깊은 연관이 있기 때문이다.

이처럼 꿈은 우리의 현실생활과 밀접한 관계가 있으며, 고대에서는 꿈과 현실을 동일시 하고 점몽관(占夢官)이란 벼슬까지 두면서 정치의 중요한 역할을 담당하기도 하였다.

근대에 와서는 꿈의 해몽과 분석을 통해서 환자의 치료에도 이용하고 또한 길흉의 징조로도 활용하고 있다. 정신분석학의 거두「프로이드」박사도 이를 충분히 인정할 수 있다고 간파하였다.

여기에서 우리는 더욱 해몽에 관심이 가며, 해몽이란 결국 경험적으로 통계된 꿈의 분석이지 미신은 아니다. 다만 얼마나 정확하게 추정하고 예지(豫知) 하느냐에 달려 있다고 본다.

우리 나라의 유명한 꿈 이야기로서는 수양대군(首陽大郡)인 세조(世祖) 임금이 그 어린 조카 단종(端宗)을 내쫓고 끝내 죽게한 때의 일이다.

하루는 세조가 낮잠을 자고 있는데 꿈속에서 <단종의 어머니요 문종(文宗)의 비(妣)이며 세조의 형수인 현덕왕후 권씨가 나타나서「네가 내 아들을 못살게 하였으니 나도 네 아들을 잡아 가리라」하고 사라졌다>

세조가 깜짝 놀라 깨어보니 꿈이였다.

『별 괴상한 꿈을 다 꾸었구나』하고 있는데 궁녀가 허겁지겁 달려와서 하는 말이

『상감마마! 지금 동궁마마께서 갑자기 발병을 하시어 큰 일이옵니다』

『뭣이!』

세조는 놀라며 달려가 보았다. 그랬더니 과연 동궁이 원인 모를 병에 걸려 이미 의식이 불명한 상태였다.

세조는 동궁의 병을 고치기 위해 갖은 노력을 다 하면서 명의

란 명의를 다 불러다가 치료를 했지만 그 보람도 없이 동궁은 마침내 죽고 말았다.

이에 화가 난 세조는

여봐라! 종묘에 가서 문종비의 신주를 불 살라 버리고 그의 능을 파서 관은 강물에 띄워 보내라! 하고 엄명을 내렸다.

왕명을 받은 사람들이 종묘로 달려갔다. 그러나 이것이 어찌 된 노릇일까? 달려온 군사들을 보자 문종비 권씨의 신주가 휙 돌아앉은 것이었다. 너무나도 무서운 광경에 군사들은 손도 못 대고 돌아 갔다고 한다.

이것은 꿈에 관련된 이야기에 불과하지만 꿈이란 강박 관념(強迫觀念)에서 꾸어질 수도 있다는 좋은 예라 하겠다.

이 밖에도 꿈과 연관된 설화(說話) 기담(奇談) 등은 세계적으로 많이 전해지고 있다.

7. 꿈이 현실에 미치는 영향

　꿈이 예시적이고 예언적인 전조(前兆)라면 이를 현실생활에 유익하게 이끌려는 생각은 매우 흥미있는 테마라 할 수 있다. 이 문제의 해결을 위해서는 꿈을 깊이 해부한다는 이론적인 생각보다는 실제적이고 구체적인 꿈을 해석하는 것이 바람직하다고 본다.

　현재 미국에서는 꿈 해몽에 관한 실용주의자들의 연구가 활발히 진행되고, 보다 체계화하여 알기 쉬운 해몽법으로 구체화되어 가고 있으며 특히, 「안파라디」여사는 그의 저서에서 꿈 해몽에 대해 다음과 같이 언급하고 있다.

　「사람은 누구나 꿈을 꾼 후 그 꿈에서 의미를 찾고 있다는 사실에 나는 조금도 놀라지 않는다」라고 하였으며, 또 「옛날에는 꿈에 대한 해몽을 주술사나 스님, 현인에게서 받았으나 오늘날에는 정신과 의사에게 의뢰하는 사례가 늘어가고 있다. 내가 꿈을 제시한 여러 사람들을 눈여겨 보니 그들은 모두 건강한 사람들이 었으며 꿈에 대해 대단한 호기심을 가지고 있었다. 그들은

「꿈이 실생활과도 연관이 되는 까닭에 꿈의 올바른 해석이 그들의 현실생활에 도움이 될 수도 있음을 알게 되자 처음에는 매우 당황하였다」라고 하였고, 다음은 「나는 사실상 나의 꿈을 분석해 준 정신과 의사 보다도 나 자신이 나의 꿈을 훨씬 더 잘 해몽할 수 있음을 깨달았다. 그리하여 나는 사리를 올바로 판단할수 있는 현명한 사람이라면 누구든지 남의 도움을 빌리지 않고도 자기의 꿈을·되살려서 이해하고 해몽하여 자기 자신을 어느 누구보다도 더 잘 알수 있다는 확신을 갖게 되었다」라고 하였다.

「안파라디」여사는 꿈을 통하여 보다 분명하게 자기 자신을 알수가 있다고 하였고, 또한 「홀」박사가 주장한 다음 사항을 보아도 충분히 가능하다는 것을 알 수가 있다.

첫째, 꿈이란 당사자의 .잠재 의식으로부터 창조된 것이지 결코 객관적인 사실을 제시하는 것이 아니라는 점이다.

둘째, 꿈속에서 체험하게 되는 모든 현상은 꿈을 꾼 당사자의 잠재 의식에 그 원인이 있으며, 전에 경험한 것이나 앞으로 다가올 미래의 상황을 예시한 것이다.

셋째, 꿈은 실생활에서 꿈을 꾼 당사자의 마음이 어떠한 상태에 머물러 있는가를 자신에게 알려주는 일종의 캡슐이다. 가령 욕구 불만이나 만족, 염원, 계획, 성공과 실패 등에 관한 자신의 심리 상태를 전달해 주는 암시 과정이 곧 꿈이라는 무의식의 표출(表出) 현상이라 하였다.

8. 해몽과 판단

　우리가 꿈에 의한 예지(豫知)와 길흉을 구분하고 판단 하는데
에는 먼저 정당하고 완전한 「정몽(正夢)」과 잡스럽고 허망된
「허몽(虛夢)」을 올바르게 구별하지 않으면 효험도 없다. 잡스럽
고 허망된 꿈은 해몽과 판단에 있어서 일고의 가치도 없기 때문
이다. 그러면 정당하고 완전한 꿈이란 어떤것인가? 이는 정상적
인 현실과 부합이 되고 꿈을 깬 연후에도 기억이 생생하며 확실
하고 선명한 꿈을 말한다. 따라서 생각이 순결하고 명철한 정신
의 소유자가 꾼 꿈은 그만큼 적중률도 높다.

　본시 꿈이란 완전무결한 진리라고 극찬하기도 하나, 그 꿈의
기억 부실과 해석의 과오를 저지르기가 쉽고, 또 꿈의 암시는
다양하게 적용될 가능성을 내포하고 있는 경우가 많으며, 꿈의
실현 시기도 암시적인 표현을 더 많이 하기 때문에 꿈에 대한
해석의 결과가 실재로 실현 되기 까지는 기대만을 갖고 부단하
게 성실한 노력을 경주해야지, 그것을 신앙(信仰) 해서는 안된다.

　이 꿈은 1902. 3. 15. 고종황제가 꾸신 꿈이다.

<어느날 밤 고종황제의 한쪽 어깨에는 해가 돋고 또 한쪽 어깨에는 별이 돋았다>

이 꿈을 풀이한 신하가 이르기를 「한 어깨에 해가 돋으니 일출동방(日出東方)이라 일본이 장차 조선에 진출할 것이며, 한 어깨에 별이 돋으니 별성(星)자는 일(日)과 생(生)이 합한 글자라 일본인 밑에 조선사람이 살게 될 것입니다」라고 해몽을 하였다.

우리 나라는 1910년 한일합병 조약에 의해 국가의 통치권을 일본에 강탈 당한후 지배를 받게 되었다.

이 꿈은 이성계(李成桂)가 등극하기전 함경도 안변(咸鏡道安邊) 부근 모옥(某屋)에서 수양을 할때 꾼 꿈을 무학선사(無學禪師)가 해몽을 했다.

<어느 화창한 봄날 이성계는 낡고 헌집에 들어가 서까래 세 개를 등에지고 나오니 어느듯 강물이 맑게 흐르는 큰 부촌에 이르렀다. 그런데 어디선지 갑자기 닭우는 소리가 들렸다. 곧 이어 그 마을 천여호의 집집에서 닭들이 일제히 울어대는 것이 너무나 장엄하여 급히 집으로 돌아오니 아침에 곱게 피었던 붉은 복사꽃이 낙화가 되어 어지러웠다. 이를 응시 하면서 방문을 열고 한발을 들여 놓았을까 한 찰라 실겅에 얹어둔 큰 거울이 쨍그렁 소리를 내면서 방바닥에 산산 조각이 나는 것이었다>

정말 남가 일몽(南柯一夢)과 같아서 이 일이 있는지 며칠 후 안변 남산에 있는 한 노파가 영험스럽다 하여 해몽을 청하니, 노파는 대장부의 크신 일을 어찌 미천한 여인이 알겠습니까 하면서 설봉산(雪峰山) 토굴 속에서 수도하는 이승(異僧)에게 물으라 하였다. 이성계는 설봉산을 찾아가 3일 밤낮을 헤매다가 무학대사를 찾았다. 자초지종 해몽을 청하니 무학대사는 앉은 자리를 가다듬고 풀이하기를 『서까래 세개를 지고 나온것은 임금왕(王)자 이옵고 일천여호의 닭이 울어 댄 것은 닭의 울음소

리가 『꼬끼요』이나 그것은 실상 고귀위(高貴位)하고 외친 것입
니다. 이는 높고도 귀한 위치를 예시함이 분명하옵고, 그 다음
꽃이 떨어지니 마침내 열매는 맺어지고(花落終有實), 거울 부서
지니 어찌 큰소리 없으리오(鏡破豈無聲). 기필코 좋은 열매 맺
고 큰소리 한번 천하에 떨칠 것이옵니다』라고 해몽을 하였다.

　그후 이성계는 공양왕을 내쫓고 임금의 위에 올라 무학대사를
왕사(王師)로 삼고, 길주(吉州) 명적사의 나한(羅漢)님을 설봉
산 석왕사(釋王寺)로 모시다가 응진전(應眞殿)을 이룩하고 크게
석왕사를 증축 하였다고 한다.

9. 태몽

태몽은 일반적인 꿈 가운데서 특별히 아기, 임신, 출산 그리고 태아의 성별, 아기의 장래 등을 판단하기 때문에 옛부터 많은 관심을 가져왔다. 태몽의 표현 수단은 일반적인 꿈과 동일하며, 또한 일반적인 꿈과 뒤섞여서 꾸기도 하지만 몇가지 특성을 발견할 수가 있다.

첫째로 태아와 관련된 꿈이면서 임신 기간이나 임신 전후에 꾸어지고,

둘째로 임신부만 꿈을 꾸는 것이 아니라 임신부 주변 사람들도 꿀수 있으며,

셋째로 일반적인 꿈과는 표현 방식이 약간 다르다. 일반적인 꿈은 다 잊어버려도 태몽만은 더욱 선명하게 기억이 남는 특징이 있다.

그리고 임신과 관련해서 동식물 등의 표상들이 자주 나타나는데 이러한 경우에는 일반적으로 태몽이라 간주해도 무방하다. 가령 소, 돼지, 용, 호랑이, 금반지, 과일, 청과류 등의 표상물에

큰 관심을 갖게되고, 한편 그것을 얻거나, 보거나, 뺏거나, 훔치는 것처럼 보이는데, 이와같은 표상을 태아 표상(胎兒表象)이라한다. 이러한 태아 표상을 중심으로 하여 꿈의 사연들이 엮어지는데 이것은 태아의 인격적인 면이나 장차 성취하여 해야할 일들에 대한 표상물이 된다고 한다. 그리하여 태몽은 그 사람의 운명적 추세를 암시하여 예지(豫知)할 수가 있다.

옛부터 뱀, 무, 고추, 연장 등 남성근과 흡사한것을 꿈꾸면 남자이고 솥, 접시, 과일(유방을 암시), 반지 등 여성적인 표상을 꿈꾸면 딸을 낳는다고 한다. 태몽 가운데 특별한 경우 이기는 하지만 신령적인 존재 또는 조상들이 나타나 예언 형식으로 구어지는 태몽의 경우도 종종 있다.

이 꿈은 신라 김유신 장군의 부모가 각각 꾼 태몽이다.
김유신 아버지의 꿈에서는
<하늘에서 빛나는 두 개의 별이 떨어져 품안으로 들어왔고, 그의 어머니의 꿈에서는 하늘에서 한 소년 장군이 금빛 갑옷에다 오색 구름을 타고 내려와 집안으로 들어오는 것을 보았다>
이 꿈은 신라 통일을 이루는데 주역이 되었던 김유신 장군이 태어날 것을 그의 부모가 각각 꿈으로 예지(豫知)한 것이다.

이 꿈은 이성계(李成桂)의 아버지 이자춘(李子春)이 꾼 태몽이다.
이자춘이 백두산에 올라가 백일기도를 마치고 내려오는 날 밤 꿈에
<한 신선이 오색 구름을 타고 하늘에서 내려와 소매 속에서 황금으로 만든 자 하나를 주면서, 이 물건은 옥황 상제께서 그대의 집에 보내시는 것이니 잘 보관하였다가 동국지방을 측량케하라 하고 사라졌다>
이 꿈은 궁중비사에도 실려있어 거의 모르는 사람이 없을 만

큼 유명하다. 문제는 이 꿈 내용이 과연 이성계가 훗날 이씨 조선을 건국할 왕이 될 것을 예지한 꿈인가 하는 것을 해석에 의해 밝혀 본다.

이 꿈속에서 「신선」은 고매한 학자나 고관 대작을 상징하는 표상물이다. 그런 그가 오색 구름을 타고 왔다는 것은 그가 영화로운 신분을 뜻하는데, 이는 최대의 명예와 영광을 누리는 고려조의 원로대신 한 사람과 동일시한 것이다. 따라서 이것이 태몽이 아니었다면 「이자춘」 자신에게 어떤 영광이 있었을 것이다. 다만 태몽인 까닭에 장차 이성계와 관계된 꿈이 된다.

그가 하늘에서 내려왔으니 하늘은 일국의 조정을 뜻하고 「잘 보관하라」는 것은 그 무엇이 이성계에게 주어진다는 것이 된다. 그런데 꺼내준 물건이 「황금으로 된 자(尺)」이다. 그것은 최고급으로 된 측량기구인 까닭에 일반적으로는 어떤 큰 영토나 사람을 다스리는 권세를 얻는다고 말할 수 있으나, 이성계에게 있어서는 한 나라를 측량하는 즉, 다스리는 권리를 상징하고 있었던 것이 된다.

이러한 권리가 주어진다는 것을 선관(仙官)의 입을 통해 구체적으로 설명해 주고 있다. 「이 물건은 옥황 상제께서 그대의 집에 보내는 것이다」 이는 즉 옥황 상제께서 이씨 가문에 보낸다라고 한 말에서 입증된다. 꿈의 사연으로 보면 이것은 천명(天命), 즉 하늘이 예정하신 일이라는 뜻도 된다. 그리고 「이것으로 동국지방을 측량하라」고 하였기 때문에 동국지방은 곧 한반도를 통치하라는 왕권을 부여 받은 것이 된다. 다시 요약하면 태어날 이자춘의 아들 이성계는 장차 임금님의 옥세(황금자)를 가지고 한반도를 통치할 왕이 된다는 것을 예시한 것이다. 그 중에 「잘 보관하였다가… 측량케하라」는 말이 있는데, 그가 나이 40이 넘어서 왕위에 오른것도 「잘 보관해 두었다」라는 말과 연관이 있다고 본다.

이 꿈은 김덕령(金德令) 장군의 어머니가 꾼 태몽이다.

<어느날 광주 무등산으로부터 두 마리의 호랑이가 방에 들어왔다가 사라졌다>

김덕령은 임진왜란때 의병 대장이 되어 혁혁한 공을 세웠으나, 후일 반역죄로 몰려 억울하게 옥사했고 그의 형은 위병 대장으로 전사를 했다.

태몽에 있어서 태아 표상이 둘일 때는 형제를 상징한다. 그리고 태아 표상이 눈앞에 있다가 시야에서 사라지는 것은, 유산이나 또는 중도요절이 아니면 생이별을 한다는 표현 수단의 법칙이 이 꿈에서도 실현된 셈이다. 형제가 다 호랑이처럼 용감하고 또 훌륭한 사람들이었으나 그들이 다같이 중도요절 했으니 어찌 태몽이 무의미 하다고 말할 수 있으랴!

이 꿈은 「페데스」의 「앗스타야크스」왕의 태몽이다.

<어느날 자기 딸의 자궁에서 포도덩굴 줄기가 뻗기 시작하여 삽시간에 「소아시아」 전역을 덮어 그늘 지게 하는 것을 꿈 꾸었다>

이 꿈을 당시의 해몽가는 공주가 아기를 낳으면 자라서 왕을 내쫓고 소아시아의 군주가 될 것이라고 풀이 했다. 이 말을 들은 왕은 외손자인 그 아이를 납치해 죽이라고 명령하였으나, 그 아이는 이미 왕의 눈을 피해 은밀히 장성하고 끝내는 왕을 치고 소아시아 전역을 점령하였는데 그가 바로 후일 「싸이루스」대왕이라 한다.

이 꿈은 이승만(李承晚) 전 대통령의 어머니 김씨가 40살때 꾼 태몽이다.

<어느날 밤 꿈에 용이 하늘에서 내려와 가슴으로 뛰어들어

그것을 품에 안고 잠을 깨었다>

이분의 아명은 이승룡(李承龍)이다. 용이 하늘로 오르는 기상을 타고 났다고 지어진 이름인지 모르나, 꿈 그대로라면 강용(降龍)이라 해야 할터인데 내려오는 것보다 오르는 용이 좋았고 또 항렬에 맞추어서 지어졌는지는 모르겠으나 후일에 승만(承晩)이라 고친 것이 만년에 국가 원수를 이어받는다는 뜻으로 붙여졌다면 개명대로 실현된 셈이다.

하지만 작명을 열두 번 고친다해도 태초에 주어진 태몽만큼 그의 성공을 약속해 주는 것도 없으리라.

10. 해몽에 대한 유의사항

　꿈의 기억과 해석만 바르다면 꿈을 믿고 어떤 결정을 내려도 무방하다고 말하고 싶으나, 여기에는 몇가지 유의해야할 사항이 있다. 그것은

　첫째로 꿈을 선명하게 기억하고 해석을 올바르게 했다고 해도 꿈은 어디까지나 추상적이며 암시적으로 표현한 것이기 때문에 그 해석의 각도는 여러가지로 연상하게 만든다.

　둘째로는 꿈이 그 일의 실현시기를 암시적으로 하고, 확정이 아닌 추정적 해석을 하도록 하고있다.

　셋째로 꿈은 잠재의식의 능력에 의해서 판단하고 예지한 일이기 때문에, 그 기억의 부실과 해석의 과오로 꿈에 대한 어떤 기대는 걸어도 신앙해서는 안된다.

해몽에 대한 일반적인 고려사항

　⑴ 꿈속에 등장된 인물들은 앞날에 전개될 실재의 인물이 아니면 동일하게 보여지는 인물이거나 어떤 사물로 변형하여 유사

하게 표현 되기도 한다.

⑵ 꿈속에 등장되는 신령적인 존재나 영혼적인 것은 절대로 실존이 아니다. 이는 미래의 현실에서 상관하게될 어떤 사람을 유사하게 표상하는 특징이 있고, 어떤 사물을 사람인 것처럼 다루어 표현하기도 한다.

⑶ 근친 상간의 꿈이 꾸어지는 것은 상대방을 어느 누구와 동일하게 보이거나 유사한 어떤 사물로 간주하여 표현되기 때문이다.

⑷ 자기에 관한 일에 남을 등장시켜서 남에 관한 일처럼 나타내는 경우도 있고, 앞으로 전개될 어떤 사건을 여러사람의 꿈에 의해서 동일하게 현상되는 수도 있다.

⑸ 태몽을 정확하게 해석하지 못하면 미신에 불과하지만, 태몽을 정확하게 기억하고 분명히 해석할 수 있으면 그것은 그 사람이 미리 짜놓은 일생의 이력서를 요약한 것과 같다고 볼 수 있다.

⑹ 옛 사람들은 꿈은 반대로 해석해야 한다고 믿었으나 그것은 한 두가지의 경험이 잘못된 결과를 보이는 데서 나타난 것일 뿐 전부를 반대로 해석 하는 것은 불가하다.

⑺ 꿈속에 표현된 것은 아무리 사소하거나 무가치한 것이라도 빼놓을수 없는 암시적 의미를 내포하고 있다.

⑻ 극악의 범죄나 도덕적 양식에 벗어난 행동을 하는것은 꿈 꾼 사람의 본심과는 상관없는 상징적 의미로 표현을 하기 때문이다.

⑼ 꿈속에서 어떠한 욕구를 최대한 충족시키고 해소시키는 것으로 묘사된 것만이 대길한 꿈이 된다

⑽ 꿈속에서 시간 관념처럼 불분명한 것은 없다. 언제 어디서 그런 일이 이루어진다는 시간과 공간을 명백하게 표현되는 일은 극히 드물다.

⑾ 길흉의 판단은 자기가 꾼 꿈이라고 모두 자기에 관한 것이 아니므로 정확한 해석과 현실에 적중할 때까지 꾸준히 기다려서 결정 지어야 한다.

⑿ 꿈을 풀이하는 능력이 생기면 매일밤 꾸는 꿈을 일지로 기록하는 것도 매우 유익하다. 그 일지에 기록된 꿈은 반드시 실현이 되기 때문이다.

일지를 기록, 유지할 때에는 가족들이 꾸는 꿈도 **빼놓치** 말고 기록에 포함시켜야 한다.

그리고 꿈의 일지에서 해결된 것은 체크를 하고 미해결한 꿈은 수시로 점검해 보는 재미도 기쁜 일이 될 것이다.

같은 사람, 같은 꿈인데도 해몽을 각각 달리 하기도 한다.

어느 시골의 한 촌부가 돼지 꿈을 꾸고 좋아서 해몽가를 찾아가 해몽을 청하였다.

「선생님! 지난밤 꿈에 <여러마리 돼지들이 우리에서 꿀꿀되고 있는 꿈을 꾸었습니다> 어떤 징조인지요」하고 물었다.

해몽가는

「당신에게 오늘 술과 음식이 생기겠오!」하였다.

과연 해몽가의 말대로 그날은 어느 잔칫집에서 술과 음식을 푸짐하게 대접을 받았다.

다음날 또 해몽가를 찾아가

「선생님 간밤에도 전날밤과 똑같은 돼지들이 우리에서 꿀꿀되고 있는 꿈을 꾸었습니다」하고 해몽을 청했다.

해몽가는

「오늘은 당신에게 의복이 생기겠오!」한다.

그날도 해몽가의 말대로 출가한 딸이 옷 한 벌을 해와서 의복**이 생겼다.**

다음날 또 해몽가를 찾아가

「선생님 간밤에도 전날밤과 똑같이 돼지들이 우리에서 꿀꿀대고 있는 꿈을 꾸었습니다」하고 해몽을 청하니

해몽가는

「오늘은 당신 매맞을 봉변을 당하겠소!」한다.

과연 그날은 시장에 나가 술을 마시고 덤벙대다가 시장 잡배들로부터 많은 매를 맞았다.

다음날 또 해몽가를 찾으니 해몽가는

「오늘은 또 무슨 꿈이요」하고 되물었다.

「선생님, 오늘은 꿈이 아니옵고 다같은 꿈이온데 어떻게 그풀이가 각각 다르옵니까」하고 그 연유를 물으니 해몽가는

「생각해 보시오! 돼지가 처음 꿀꿀되고 우니 주인은 배가 고파서 우는 가보다 여기고 먹을 것을 갔다 주었지요. 그런데 먹을 것을 갔다줘도 또 꿀꿀대고 우니 이번에는 추워서 우는 가보다 여기고 북데기(의복을 상징)를 갖다 넣어 주었답니다. 그런데 계속 꿀꿀대면서 귀찮게 구니 주인은 화가나서 매를 가지고 돼지를 때리면서 어떻게 하라는 거야? 먹을 것도 주고, 입을 것도 주었는데 하면서 호통을 치니 그제사 돼지는 한쪽 구석에서 꼼짝않고 잠잠 하더랍니다」하고 해몽을 설명 하였다.

이 꿈은 어느 시골 할아버지가 나이어린 손주들을 데리고 자다가 꾼 꿈 이야기다.

<어느날 밤 집 뒤뜰 담장밑 옹달샘에서 작은 용 한마리가 하늘로 오르는 것을 보았다>

할아버지는 지각이 있었던지 먼저 큰 손주를 깨웠다.

「모야! 저 뒷뜰 샘에 가서 물 한 모금만 마시고 오너라」하니

손주는 퉁명스럽게

「자다가 물은 무슨 물이에요」하면서 그대로 잠자리에 들었다. 할아버지는 할 수 없군! 하고 다시 둘째 손주를 깨웠다.

「모야! 저 뒷뜰 샘에 가서 물 한 모금만 마시고 오너라」하니 둘째는 아무 말 없이 그대로 뒷뜰 샘에 나가 물 한 모금을 마시고 돌아와 잠자리에 들었다.

훗날 할아버지는 돌아가시고 맏손주는 초시도 못 치뤘으나, 둘째는 꿈에 용이 등천한 샘물을 마신 덕분에 과거에 장원으로 급제하여 벼슬에 높이 올랐다 한다.

이 꿈은 뒤에서 설명되는 김유신 장군의 누이동생 보희와 문희가 서로 꿈을 파고 사는 것과 흡사하다. 꿈을 꾼 할아버지는 이미 나이가 많아 스스로 어린 손주에게 꿈을 물려준 셈이 된다.

11. 악몽(惡夢) 제거(除去)

　　꿈이란 미래의 현실에서 실현되기로 예정된 일이 아니면 결코 꿈은 꾸어지지 않는다고 하여, 예방도 모면도 할 수 없다고 단정하는 일부 학자도 있으나, 꿈을 꾸는 이유는 「현실에서 채워지지 않은 소원이나 발견하기 힘든 소망을 꿈속에서 충족시키려는 까닭이다」하는 등의 학설이 구구하고, 또 악몽과 흉몽을 제거하는 방법에도 여러가지로 의견을 달리하고 있으나 여기에서는 가장 손쉽고 널리 통용되고 있는 방법을 설명하겠다. 악몽이나 흉몽을 꾸게되면 먼저 기분부터 불쾌하고 꿈자리가 어지럽다. 이럴 때에는 정한수 한 사발로 입안을 헹구고, 헹군물로 해가 뜨는 동쪽을 향해서 세 번 내뿜어주고, 마음속으로 「악몽이여 사라져라」하면서 암송을 하면 흉액을 모면할 수 있다고 한다. 그리고 무엇보다 범사에 조심하면서 소극적인 자세로 순응하는 근신이 필요하다.

12. 역사적인 인물들의 꿈

　꿈은 앞날에 전개되는 예정사를 사전에 미리 알고 꿈속에서 계시(啓示)한다는 역사적 사실과 설화(說話), 기담(奇談) 등이 양서 고금을 통하여 많이 전해지고 있다.

　그중에는 전설적이고 구전(口傳)에 의한 것도 있으나 중세기 이후의 꿈들은 각 국의 역사가 우선 그 꿈의 진실됨을 입증해 주고, 아울러 수많은 사람들의 꿈이 문헌에 의해서 널리 실증되고 있다.

　이리하여 꿈을 남긴 사람들은 꿈의 예지성(豫知性)을 알리고 인생이나 사건이 예정되고 이를 예지될 수 있다는 것을 믿었던 것으로 풀이 된다.

　그리고 역사도 사람들에게 꿈에 대한 관심을 불러일으켜 왔다고 아니할 수 없다. 따라서 이러한 꿈의 신비성을 바탕으로 아득한 옛적부터 물질 문명이 고도로 발달한 현대사회에 이르기까지 많은 연구의 대상이 되어 세인의 관심을 더욱 환기시키고 있다.

검은 용이 바다에서 방으로

□ 이율곡 선생의 어머니 사임당 신씨의 태몽이다.

<검은 용이 큰 바다에서 침실로 들어와 서리고 있는 것을 보았다>

이 꿈은 사임당(師任堂) 신(申)씨가 율곡 선생을 낳기 바로 전날 꾼 꿈이다. 자고로 위대한 인물이 태어남에 있어서는 그 부모의 위대함이 앞섰고 또 태몽은 그 태어날 아기의 일생이 먼저 예지(豫知)되는 꿈이라 한다.

표범이 호랑이 꼬리를 물어서

□ 고구려 태조대왕의 꿈이다

<표범 한 마리가 나타나 호랑이 꼬리를 물어 뜯는 것을 보았다>

이 꿈은 고구려 태조대왕의 꿈으로서 삼국 유사에 기록된 내용이다. 해몽가가 이르기를 「표범이 자기보다 강대한 호랑이 꼬리를 물었으니 대왕의 후사를 끊고 왕위에 오를 것입니다」라고 하였다. 이러한 해석이 있은지 얼마후 대왕의 아우가 간신배의 간언을 듣고 형의 자리를 찬탈하여 왕위에 오르니 그가 바로 차대왕이다. 그는 그 죄값으로 후일 백성들의 손에 죽음을 당하였다고 한다.

오줌이 서라벌을 덮어

□ 신라 김유신 장군 누이동생 보희의 꿈이다.

<보희가 어느날 서형산(西兄山)에 올라가 그 꼭대기에 앉아서 오줌을 누었더니 서라벌이 그 오줌에 잠겨 버렸다>

「보희」가 이 꿈을 꾸고 동생 「문희」에게 말했더니, 문희가 듣고 비단옷 한벌을 언니에게 주며 그 꿈을 팔라고 간청하여 보희는 웃으면서 자기의 꿈을 팔았다고 말했다. 그후 보희가 태종 무

열왕이 된 김춘추(金春秋)의 아내가 되려다가 그의 아우 문희가 왕비가 되었다. 그래서 세상 사람들은 문희가 왕비된 것은 보희 의 꿈을 샀기 때문이라 하며, 이때부터 꿈을 사고 파는 풍조가 생겼다고 한다.

선조대왕이 이항복(李恒福)을 불러
▨ 광해군(光海君)때 백사(白沙) 이항복의 꿈

<선조대왕이 작고한 중흥 공신들을 거느리고 와서 말하기를 「불초한 자식(광해군)이 대통을 이어받았으나 멸륜 패상(滅倫敗常) 이 무쌍하니 내 어린 손자를 세우려 하는데 경이 아니면 의논이 안되겠기에 부르러 왔소. 그리알고 곧 짐에게로 와주오!」하고 사라졌다>

이 꿈은 이항복이 자기의 수명이 다 됐음을 알게 된 것과 아 울러 멀지않아 광해군이 폐위되고 선조대왕의 다른 자손이 임금 이 될 것을 예지한 꿈이다.

이 꿈을 꾼 이항복은 3일 후에 작고하였고, 후일 인조대왕은 반정 공신들과 더불어 광해군을 내치고 왕위에 오르게 되었다.

용이 배나무에 올라가
▨ 고려 때 정몽주(鄭夢周) 어머니의 꿈

<뜰 앞에 있는 배나무 꼭대기에 용 한 마리가 올라가 서리고 있는 것을 보았다>

이 꿈은 고려의 마지막 충신이었던 포은(圃隱) 정몽주의 어머 니가 낮잠을 자다가 꾼 꿈이다. 잠을 깨고 이상하게 생각되어 문을 열고 내다보니 아들 몽란(夢蘭:몽주의 아명)이 배나무에 올라가 있었다고 한다.

이 꿈은 자기 아들을 배나무에 올라간 용으로 상징해서 투시 된 것이다. 그가 장차 조정(배나무)에 등용되어(오르다) 크게 성공한다는 것을 암시하기 위함이었다. 몽주의 태몽은 <난초 화분을 방안으로 들여오는 꿈>을 꾸었기 때문에 아명을 몽란(夢蘭)이라 지었다가, <배나무를 두른 용꿈>을 꾸었기 때문에 후일 몽주(夢周)라 고쳤다고 한다.

용이 종루(鍾樓)에서 승천하는 것을 보고
□ 정기룡(鄭起龍)장군에 관한 선조대왕의 꿈

<어느날 용 한 마리가 종루에서 일어나 하늘로 올라가는 것을 보았다>

이 꿈은 선조대왕이 낮잠을 자다가 꾼 꿈이다. 하도 이상하여 종사로 하여금 종루에 가 보게 하였더니 한 장정이 종루 기둥에 기대어 서있는지라, 임금께 고하여 어전에 세웠더니 기골이 장대하고 기품이 늠름하여 보통 인물이 아님을 선조께서 느끼셨다. 그는 등과하여 기룡(起龍)이란 이름까지 하사받아 신출귀몰한 장수가 되어 삼도 통제사 숭록대부의 칭호까지 받게 되었다고 한다.

거북사람 8명이 나타나 살려달라하여
□ 이공린(李公麟)이 장가가던 첫날밤의 꿈

장가든 첫날밤 꿈에

<거북이 몸통에다 귀인의 얼굴을 한 여덟 거북사람이 나타나 「우리는 곧 솥 안에서 죽게 되었으니 우리들의 목숨을 살려주면 그 은혜를 꼭 갚겠습니다」하고 사라졌다>

깜짝 놀라 깨어난 이공린은 곧 사연을 알아보니 처갓집에서 국을 끓이려고 자라 여덟마리를 잡아놓고 있었다. 꿈이 너무나 선명하고 신기하여 그 자라들을 살려주도록 부탁을 하였다. 그런데 그 중 한마리가 도망을 치다가 붙잡으려던 하인에 의해 목이 끊어져 죽었다는 것이다.

이런 일이 있은 후 그들이 다시 꿈속에 나타나 살려주어서 감사하다는 인사를 극진히 하였는데, 여덟에서 하나가 없는 일곱이었다고 한다. 그후 이공린은 아들 8형제를 두었고 모두 높은 벼슬에 올랐으나 그중 셋째 아들이 도승지로 있다가 갑자사화때 비명으로 일찍 죽었다고 한다.

이 꿈을 꾼 이공린은 본시 그렇게 유명한 사람은 아니었다. 다만, 그의 꿈 때문에 유명해졌고, 이는 사육신의 한 사람인 박팽년의 사위였다고 한다.

음행(淫行)을 거절한 선비가 무슨 죄냐!

□ 조선조 영조대왕때 영의정을 지낸 유척기(兪拓基)의 꿈.

유척기가 과거에 급제를 하기전 한번은 아버지 산소에 성묘를 하러가다가 갑자기 소나기를 만나 어느집 대문간에서 비를 피하고 있는데 집안에서 한 소녀가 나오더니 「우리집 아씨께서 비가 곧 그칠 것 같지도 않고 날도 쉬 저물터이니 기왕이면 안으로 드셔서 하룻밤 유하시고 내일 떠나심이 어떠하신지 여쭈어 보라고 하십니다」 한다.

유척기도 난감해 하던터에 고마운 생각이 들어 안으로 따라 들어갔다.

어느덧 비도 그치고 달도 밝은데 문제의 그 아씨가 주안상을 들고 들어오는 모습이 보기드문 절색이었다. 「변변치 못하오나 적적 하실텐데 한잔 드시면서 객수(客愁)나 달래십시요」 하면서 술을 따라 권한다. 얼떨결에 몇 잔을 연거푸 받아 마신 유척기는 그제서아 여인에게 내력을 물어 보았다. 「이집은 아무게 판서의 집이온데 저는 열세살에 이집 독자에게 시집을 왔다가 열다섯살에 과부가 되었습니다. 그간 시부모도 돌아가시고 하녀 하나만 데리고 이집을 지키고 있습니다. 그래서 몇년간 운우의 즐거움(雲雨之樂)을 모르고 지내다가 오늘 소낙비가 인연이 되어 이렇게 선비님을 모시게 되었으니 저의 부끄러운 소청을 들어주시면 백골난망이겠습니다」한다.

유척기는 실로 난감했다. 그래서 내일 성묘를 마치고 돌아오는 길에 다시 들르겠노라 하고 여인을 내 보내는데 일단 성공했다.

이튿날 유척기는 떠나면서 여인에게「내일 다시 온다는 말은 거짓으로 한말이니 기다리지 마시요」하고는 길을 재촉 하는데, 「잠깐만」하길래 뒤를 돌아보니 여인은「당신같은 매정한 사나이는 처음 보았소」하고는 은장도로 목을 찔러 자결해 버린다.

그 후 유척기는 과거에 응시 할때마다 회오리 바람이 시축(詩軸)을 날려버리는 바람에 과거를 포기하고 금강산 유람길을 떠났는데 거기서 어떤 스님을 만나서 자기의 기구한 사연을 이야기 했더니, 스님이「뭘 그까짓걸 가지고 그러십니까. 나는 속세에 있을때 어느집 여인을 겁탈 하려다가 반항하는 바람에 목을 졸라 죽이고 나오는 찰라, 하녀가 고함을 지르며 달려 들기에 발로 차서 그 마저 죽어 버렸으나 지금껏 아무 탈 없이 잘 지내고 있다오」한다. 그 소리를 듣고 유척기는「이런 천벌을 받을 놈」하며 걷어차니 절벽 아래로 떨어져 죽어 버렸다.

집에 돌아온 유척기는 마지막 한번만 과거를 보기로 하고 장중에 들어가서 글을 지으려고 하는데 또 회오리 바람이 불려고 한다. 그 때 어디선가「안된다」하는 소리가 들리자 회오리가 뚝 그치는 것이었다. 그래서 일필휘지(一筆揮之)로 글을 써내고 집으로 돌아왔는데, 그날밤 꿈에 <지난날 목을 찔러 자결한 그 여인이 눈에 독기를 뿜으며 방으로 들어오는데 뒤따라 어떤 여인 두사람이 들어 오더니 그 여자의 머리채를 잡으면서「야! 이년아, 네가 음행(淫行)하려는 것을 정당하게 거절한 이 선비가 무슨 죄가 되길래 과거도 못보게 따라 다니며 훼방질이냐!」하

더니, 둘이 합세하여 할퀴고 찍고 개 패듯 패대니 견디다 못한 여인은 그만 달아나는 것이었다. 그리고 나서 두 여인은 유척기에게 큰절을 올리고 나더니,「저희는 선비님이 금강산에서 원수를 갚아주신 은덕을 감사드리러 왔습니다. 이번 과거에는 꼭 장원급제를 하실것이며, 장차는 이 나라의 정승이 되실터이니 길이 수복을 누리소서」하고는 사라졌다>

과연 유척기는 그 여인들의 말대로 장원급제를 했고 나중에 벼슬이 영의정까지 올랐다 한다.

이름과 연관된 김이소(金履素)의 꿈

ㄱ 이 꿈은 영조때 김이소라는 사람이 과거를 보러 가다가 꾼 꿈이다.

<집 지붕위에 하얀 신발이 얹혀 있는데 많은 사람들이 그걸 쳐다보고 있었다>

이 꿈을 꾸고 김이소는 아무래도 재수없는 꿈같이 생각되어 어느 용하다는 해몽가를 찾았다.

해몽가는 「신발이 지붕위에 있다는 것은 자고로 족반 거상(足反居上:발이 반대로 위에 있다는 뜻)이라 해서 좋지 않은 징조입니다. 하지만 선비님은 그 정반대입니다. 왜냐하면 선비님의 이름자가 이소(履素)가 아닙니까? 이소는 흰신발이라는 뜻인데 그 흰신발이 지붕위에 있어 많은 사람들이 쳐다본다는 것은 선비님이 이번 과거에 급제를 하여 여러 사람들이 우러러 본다는 징조입니다」라고 해몽을 했다.

과연 해몽가의 말대로 김이소는 거뜬히 과거에 급제를 하고 뒷날 벼슬이 좌의정까지 올랐다 한다.

제2장 꿈 해몽

1. 꿈 해몽

　옛부터 사람들은 누구나 많은 꿈을 꾸어왔다. 그러나 그 많은 꿈도 잠에서 깨어나면 곧 잊어버리게 된다. 그러나 그 가운데서도 간혹 특이하게 꿈속의 전후 현상이 기억에 생생하고 뚜렷이 떠오르는 꿈들이 있다. 꿈을 해몽하는데는 이와같이 분명하고 정확한 꿈들을 해몽해야지, 기억에도 희미하고 어설픈 해몽이나 잡몽같은 것은 해몽에 아무 가치도 효험이 없다.

　여기서 해몽한 꿈들은 많은 사람들이 실제 경험한 신령스러운 영몽(靈夢)과 현실에서 부합되는 정몽(正夢)·심몽(心夢) 등을 많은 석학들이 오랫동안 부단하게 연구하고 경험에 의해서 해몽해 온 것을 한데모아 알기쉽게 가, 나, 다 순으로 편술하였다.

【가구】

집이 몸 전체를 표현하고 방은 신체의 일부분을 표현함과 같이 가구
에서도 방을 몸 전체로 비유해서 표현하고 가구는 신체의 한부분으
로 표현을 한다.

○ 호화스러운 가구나 책상, 장농 같은것이 방안에 가득차 보이
   면 일상 생활에 여유가 생기고 또한 자신을 협조하며 도움을
   줄려는 사람을 만나게 된다. 그리고 지위, 신분 등 승진의 기
   회도 주어지고 아울러 많은 사람들로부터 선망의 대상이 되
   기도 하는 길몽이다.

○ 가구를 집안에서 집밖으로 들어내는 꿈은 불길하다. 이는 멀
   지않아 집안이나 친인척 가운데서 세상을 뜨거나 중병에 이
   환(罹患)되어 병원에 입원을 하게되는 흉몽으로 친다.

○ 자기의 침구에 피가 묻어 있어 보이면 집안이나 자신에게
   재난이 닥쳐오거나 아니면 아내가 바람을 피워서 별거하는
   일이 생기기도 한다. 또한 이부자리에 개미같은 벌레가 모여

드는 꿈을 보면 모든일에 근심이 따르게 된다.

○ 자기가 방을 새롭게 꾸미거나 정리하는 꿈은 혼담이 성사 되거나 아니면 가정부나 일하는 사람을 들이게 된다. 그러나 침대같은 것이 문밖으로 나가면 아내에게 불길한 일이 생기 게 될 것이다.

○ 문 발을 새로 사들이는 꿈은 좋은 친구를 만나거나 도움을 받을 수 있는 귀인을 만나고 또한 품행이 현숙한 여성을 맞 아 들인다는 징조이기도 하다.

○ 병풍이 둥글게 둘러쳐 있으면 친인척이나 주변 사람이 큰 병을 얻게되고, 포개진 병풍을 보게되면 장사를 하여 많은 이득이 발생하고 소득이 증대되는 길몽이다.

○ 돗자리를 깔고 노는 꿈은 사랑하는 사람을 만나보고 싶다든 지 섹스에 대한 동경심을 나타내는 상징이다.

○ 돗자리를 새로 사서 들이면 현숙한 좋은 배필을 만나서 행 복하게 살림을 꾸린다는 징조이다.

○ 헌가구나 고물을 몽땅 부수어버린 꿈은 경영하는 사업체나 업적 등이 새롭게 바뀌어진다는 상징으로 본다.

【가방】

가방은 사물을 밀어 넣는다는 뜻을 함유하여 여성의 성기로 상징한 다. 또한 항상 가지고 다니면서 잊기가 쉬운것이기 때문에 이를 임 무·사무·공부 같은 것에 비유하여 표현하기도 한다. 특히 가방에 서류같은 것이 들어있는 꿈은 더욱 그 뜻을 강조하는 것이 된다.

○ 가방을 잊어 버리거나 없어진 꿈은 이성관계나 직장 또는 공부 같은것에 실증을 느낀다는 표현이다.

○ 가방속에 문서가 가득차 있는 꿈은 사업이나 직장 또는 면 학에 더욱 충실을 기한다는 상징으로 본다.

○ 무거운 책가방을 방에다 놓고 나오는 꿈은 근심과 걱정이
  해소 된다는 상징이다.
○ 가방이 열려져 있는 우체부의 꿈은 계속해서 편지나 소식이
  있다는 암시 이기도 하다.

【가족】

가족은 실제의 인물이거나 동일시 되는 인물이다. 즉 직장의 상사나
동료를 상징하고 또한 사업과 연관된 사항을 표현하기도 한다. 부모
는 실제의 부모이거나 백부, 백모, 숙부, 숙모, 친구의 부모, 직장의
상사 등 존경의 대상이 되는 인물과 동일시한다. 형제 자매도 실제
의 인물이거나 또는 동료, 동업자, 애인 등과 연관하여 자주 접촉하
는 인물의 표상이다. 그리고 친구나 애인은 실제의 인물이거나 또는
사귀는 남녀, 남편, 아내, 친구와 동일시하고 사업과 연관된 일거리
같은 것을 상징한다.

○ 별거중인 가족과 함께 있으면 직장이나 또는 일을 부탁한 어
  떤 기관 내부 사람들과 동일시하며 때로는 실제의 가족과 연
  관될 수도 있다.
○ 하나의 자기 모습이 희미하게 보이는 것은 자기의 작품이나
  일거리 또는 작품의 이미지 등을 잘 알수없게 될 때 나타나
  는 현상이다.
○ 숙부의 집에서 친구의 집으로 가는것은 같은 계열의 다른
  직장으로 옮기거나 자기의 일거리가 딴 곳으로 옮겨지는 등
  이전, 이동의 변동과 연관이 있다고 본다.
○ 근친 상간을 해도 그 어떤 죄스러움을 느끼시 않는것은 근
  친이 실제의 인물이 아니고 어떤 일거리의 상징이 되기 때문
  이다.
○ 객지 생활을 하는 사람에게 집안 식구가 함께 다 보이는 꿈

은 집안에 어떤 걱정이 생긴다는것 보다 직장에 연관되는 일
과 관계가 깊다고 보아야 한다.

○ 처갓집은 실제의 처갓집이거나 아니면 거래처 또는 일거리
를 부탁한 장소 같은 것을 상징하기도 한다.

○ 고향에 있는 부모나 또는 작고한 부모가 자주 꿈에 보이면
병을 앓거나 구설수가 생긴다. 단 돌아간 아버지를 보는 꿈
은 좋은 일이 생길 수 이다.

○ 부모, 형제가 한자리에 모여 앉아 연회하는 꿈은 집안이 화
합하고 매사가 잘 되며 또한 먼곳에서 좋은 소식이 온다.

○ 부부가 싸우는 꿈은 병이 날 징조이고, 부인과 동행을 하면
재물을 잃는다. 다만 부인과 같이 앉아 있으면 길몽이다. 그
리고 남의 부인을 품으면 경사가 생긴다고 한다.

○ 자기 부인이 다른 사람에게 시집가는 꿈은 처가 죽거나 병
이 들고, 처자가 모여서 울고 있으면 고생하거나 가난해진다.

○ 꿈에서 아이를 밴 여자를 보거나 임신부가 아닌 다른 부인
이 아이를 낳는 것을 보면 만사가 뜻대로 잘 된다.

○ 부인이 남자가 된 꿈은 길몽이나, 남편이 돌로 되어 보이는
꿈은 남편에게 두 마음이 있다는 징조이다.

○ 남자가 아이를 낳는 꿈은 어렵 | 않게 재물을 얻을 수 이나,
남자가 여승이 된 꿈은 흉몽이니 각별한 조심이 필요하다.

○ 자식이 죽는 꿈은 구설이 없어져서 길몽이 되나, 여자 아이
를 안아주면 구설이 많이 따른다고 한다.

【강】

강은 경계의 뜻을 표현한다. 특히 성적 욕망과 도덕적 양심과의 사
이를 가로 막고 있는 경계를 표현하는데 강을 건너가는 꿈은 강한
성적 욕망과 모험심을 내포하고 있음을 의미한다. 대체로 강 저쪽은

미지의 지역이고 위험하기 때문에 건너가지를 못한다. 강물을 건너
가는 꿈은 이와같이 경계한다는 뜻으로 보고있다.

○ 강물에 빠지는 꿈은 두 가지로 해몽을 하는데, 한 가지는 물
  에 빠져서 밖으로 나오는 꿈이요, 또 한 가지는 물에 빠져서
  밖으로 나오지 못하고 허우적거리는 꿈이다. 물에 빠진후 밖
  으로 나오는 꿈은 길몽이지만 밖으로 나오지 못하고 허우적
  거리는 꿈은 흉몽이다.

○ 자신이 물속을 헤엄쳐 다닌 꿈은 학문을 연구하거나 제3자
  의 비밀을 알고 싶어하는 표상이다.

○ 알몸으로 강물 가운데서 헤엄치는 꿈은 모든일이 순조롭게
  잘 풀린다. 꿈속에서 헤엄치는 속도는 현실속에서 일의 진행
  과정을 의미한다. 따라서 헤엄이 잘쳐지면 현실의 일도 순조
  롭게 잘 진행된다. 그러나 헤엄을 치는 속도가 느리거나 허
  우적거리는 꿈은 현실에서도 일을 진행하는데 무리가 따르고
  어려움이 있게 된다.

○ 수상스키를 타는 꿈은 현실에서 하는 일마다 남에게 뒤진다.
  마음은 조급하고 몸은 말을 듣지 않으니 이런 때일수록 침착
  하고 여유있는 마음가짐이 중요하다.

○ 탐스런 꽃 한 송이를 흐르는 강가에서 꺾는 꿈은 지혜가 담
  긴 서적을 탐구하거나 학술 서적을 저술하게 된다.

○ 마른 개천에 물고기가 우굴거리는 꿈은 자기에게 유리한 조
  건이 전개되어 이득을 보거나, 아니면 반대로 사업이 운영난
  에 빠지는 수가 있다.

○ 물결이 두 갈래로 갈라지는 꿈은 신앙이나 사업이 방향을
  상실하거나 두개의 방향으로 나누어 갈라지게 된다.

○ 흐르는 물이 갑자기 폭포로 변해서 요란한 소리를 내는 꿈은
  어떤 작품을 발표하여 많은 사람들의 입에 오르내리게 된다.

○ 거북이가 바다에서 강으로 오른 꿈은 국영기업에서 하던 일
이 개인기업으로 전환되어 크게 성공을 거두게 된다.

○ 계곡의 흐르는 물 가운데에 서있는 사람을 보면 자기의 작
품이나 논문 같은 것을 누군가가 인정해준다.

○ 강물이 거꾸로 흐르는 꿈은 자기의 주장을 여러곳에서 부정
하고 반발한다는 예시 이기도 하다.

○ 강물이 맑은 꿈을 보면 자신이 하고 있는 일에 만족을 느낀
다는 징후이다.

○ 강물이 얼어붙어 있는 꿈은 사업에 애로가 많고 운전 자금
이 정체되거나 동결된다는 표상이다.

○ 물통을 던지니 물은 없고 그릇만 굴러나온 꿈은 동업자에게
사기를 당하거나 실속이 없어 일을 포기하게 된다.

○ 맑은 물이 개간한 땅의 중앙을 흐르는 꿈은 어떤 문화사업
이나 교화사업이 여의(如意)하게 잘 수행된다는 표현이다.

○ 진달래꽃이 만발한 산아래에 물살이 세게 흐르는 꿈은 어떤
잡지사에 자기의 작품을 출품할 일이 생긴다.

○ 동물이 물속으로 자취를 감추는 것을 보면 하던 일을 끝마
치거나 주변 사람이 갑자기 사라진다고 한다.

○ 강물에서 몸을 씻는데, 오히려 몸이 더러워지는 꿈은 성실하
게 일을 하지만 성과를 얻지 못하고 얽매인 곳에서 벗어나지
를 못하게 된다.

○ 강물에서 손발을 씻는 꿈은 어떤 단체에 자기가 소원하고
갈망하던 일이 순조롭게 잘 풀린다는 표현이다.

【강도】

강도는 본인이 지니고 있는 반도덕적인 욕구를 표상하는데, 강도와
격투를 하게되면 본인의 양심과 성적 욕구의 갈등에서 고민하고 있

음을 암시한다. 격투를 해도 무섭지 않은 꿈은 자신을 억제하려는
마음이 없음을 표현함이다.

○ 강도가 무서워 도망친 꿈은 계획한 일이나 좋은 여건을 놓
   치고 좌절하게 된다.
○ 강도를 보고 두려워 하는 꿈은 어렵고 힘든 일에 직면하게
   된다.
○ 복면강도가 나타난 것을 보면 알지 못하는 사람이 해를 끼
   치는 수가 있다.
○ 강도를 처치한 꿈은 곤란하고 쉽게 해결되지 않던 일이 풀
   리기 시작하는 징조로 본다.
○ 강도에게 여러번 시달리는 처녀의 꿈은 여러군데서 혼담이
   들어오지만 썩 마음에 드는 곳은 별로 없다.
○ 강도에게 살해되거나 상처를 입은 꿈은 자기 일이 제3자에
   의해서 해결되거나 평가를 받게 된다.

【개】

개는 법관, 경찰관, 경비원, 신문기자, 저술가, 유지, 감시원, 심복, 간
부 등과 동일시 하며 직권, 재물, 부정, 방해물 등을 상징한다.

○ 개에게 물려 흉터가 생기는 꿈은 취직 또는 직책이 주어지
   며, 물린 자리에서 피가 나면 믿었던 사람에게 배신을 당하
   여 손실을 보게 된다.
○ 남의집 문간에 매어 있는 개에게 물리는 꿈은 관청에 취직
   을 하거나 자기의 일이 어떤 기관에서 성사가 된다.
○ 개가 손을 물고 놓지 않는 꿈은 자신의 능력이나 작품이 어
   떤 기관에서 심사 받을 일이 생긴다.
○ 개가 사나운 기세로 덤비거나 집단으로 덤비는 꿈은 신변에
   위험을 느끼거나 벅찬 일에 직면하고 남들의 시비를 받게 되

는 불길한 꿈이다.

○ 개가 서로 싸우거나 자기를 향해 짖는 꿈은 어떤 사람이 서로 헐뜯거나 자기를 비방하는 일이 생긴다.

○ 개와 고양이가 서로 싸우는 것을 본 꿈은 두 사람이 세력 다툼을 벌이게 된다.

○ 개가 높은 건물위에 오르거나 공중을 나는 것을 보면 높은 관직에 오르거나 추진하고자 하는 일에 행운을 가져오는 대길한 꿈이다.

○ 타인의 집을 방문하는데 개가 사나워서 들어가지 못하는 꿈은 관청의 경비원에게 출입을 저지 당하거나 하는 일에 방해를 받는다.

○ 개를 잡아서 먹는 꿈은 사업자금을 마련하여 사업을 벌이게 된다.

○ 해질 무렵에 개가 달리는 것을 보면 취재를 다니거나 바쁘게 활동할 일들이 발생한다.

○ 남의집 개가 자기집 개에게 가까이 다가오는 꿈은 정보를 얻거나, 여자의 경우 간통하려는 치한이 나타나기도 한다.

○ 값이 비싼 애완용 개를 사오는 꿈은 좋은 학과에 입학을 한다.

○ 하반신은 개이고 상반신은 양이며 페니스가 노출된 것을 보게되면 겉으로는 어진 양같이 온순해 보이지만 실제로는 개처럼 방탕한 사람임을 상징하는 것이다.

○ 개가 일어선 채로 춤을 추는 꿈은 누군가 기교를 부려 자신에게 인신공격을 가한다.

○ 개가 서로 싸우는 꿈은 서로 헐뜯고 비난하는 와중에 휘말리거나 병으로 고생을 하게 된다.

○ 개를 뒤쫓는 꿈은 어떤 기관에 청탁한 일이 중개인을 통하여 성사 시키게 된다.

○ 집을 나갔던 개가 다시 돌아오는 꿈은 한때 소식이 없던 사람이 찾아오거나 또는 일거리가 생기게 된다.

○ 자기집 개를 귀여워 쓰다듬는 꿈은 집안식구나 또는 고용인이 속을 썩이는 수가 있다.

○ 개를 죽이는 꿈은 어떤 어려운 일을 성사시킬 수 있으며, 또한 빚을 갚거나 시험에 합격을 한다.

○ 자기집 개가 남의집 개들과 노는 꿈은 식구중에 누가 어느 집단에 가입하거나 무뢰한들과 함께 무엇인가를 공모하게 된다.

○ 개들이 요란스럽게 짖어대며 서로 싸우는 꿈은 질병이 찾아오고. 개가 그 주인을 물면 재산을 없애는 흉몽이다.

○ 개가 하늘로 올라가는 꿈은 복을 누리게 되고. 개를 앉아서 부르는 꿈은 술과 음식이 생긴다고 한다.

【거북】

거북은 부귀한 사람. 협조자. 권력자. 협조기관. 승리. 행운. 큰 재물 등을 상징한다.

○ 거북의 등에 올라타거나 가까이 대하는 꿈은 길몽인데, 이것이 태몽이라면 권력자. 기관장 등이 되어 부귀를 누리게 된다.

○ 거북의 몸을 도끼로 쳐서 피가 흐르는 것을 보면 남에게 도움을 받거나 계획한 일들이 잘 성사된다.

○ 거북을 죽인 꿈은 어떤 일을 수행하는데 장애가 없이 순탄하게 성사가 된다.

○ 거북의 목덜미를 잡은 꿈은 소속되어 있는 집단의 일이 풀리게 된다.

○ 거북이가 앞장서서 뱃길을 따라가는 꿈은 타인의 도움을 받아 경영하는 사업이 순탄하게 번창한다.

○ 거북을 쫓아가다가 잡지 못한 꿈은 치밀한 계획을 세우지만

뜻과 같이 잘 이루어지지 않는다.

○ 거북이가 있는 곳에 들어간 꿈은 부귀영화를 누리는 길몽이다.

○ 대체로 거북을 본 꿈은 재물을 얻고 남자에게 길하며, 자라를 보면 관직을 얻고 여자에게 길하다.

○ 거북이가 집이나 우물속에 들어가는 꿈은 부자가 될 징조로 본다.

【거울】

거울속에 자신의 모습을 비추는 꿈은 자신에 대한 사랑 또는 동성애의 경향이 있다. 육체적인 매력에 자기 자랑을 하기도 하고 동성의 육체에 도취되기도 하는 것을 표시한다. 자기를 아름답게 보이고 싶다고 할.때에는 미인이 거울속에 있는 꿈을 꾸기도 한다.

○ 거울을 얻거나 남에게 선물로 받은 꿈은 상대방에 대해서 관심을 갖게 되며 그 사람에 대하여 알려고 한다.

○ 오색이 찬란한 고운 옷을 입고 거울을 보면 동업자나 반가운 사람을 만나게 된다.

○ 거울을 선물로 받는 꿈은 이것이 태몽이라면 박학 다식하고 사교성이 능숙한 자식을 얻는다.

○ 자신의 얼굴을 거울에 비춰 검게 보인 꿈은 반갑지 않은 사람을 만나 기분이 불쾌해진다.

○ 거울을 보면서 화장을 하는 꿈은 자기 이외에 다른 사람의 마음까지 움직이게 된다.

○ 거울에 아무것도 비춰지지 않은 꿈은 먼 곳에서 반가운 소식이 온다.

○ 거울이 떨어지거나 저절로 깨진 꿈은 가깝게 지내던 사람과 멀어지고 집안에 불행이 찾아든다.

○ 거울을 보는 꿈은 대체로 길하다. 그러나 밝아야지 흐릴 때

에는 흉하다.

【거품】

거품은 자신의 성적 자위가 타인에게 알려지는 것을 불안하게 느낌을 표시한다. 비누로 몸을 씻기도 하고 상의를 세탁하기도 하는 꿈은 그 마찰 운동이 비슷하기 때문에 자위 행위를 뜻하며, 이를 사람들의 눈에 띄는 것은 아닌가 하는 두려움을 뜻하고 있다.

○ 물이나 그 밖에 기름 같은 것이 끓어서 거품이 넘쳐 나오는 꿈을 보면 큰 재물이 생길 수 있고, 거품으로 몸을 씻는 꿈은 모든 재앙이 사라진다고 한다.

【건강】

건강진단이나 진찰의 꿈은 자신의 결점을 숨기려 하는 것을 의미한다. 예를 들면 충치가 있는 여성이 치과 의사에게 입속을 보이는 꿈을 꾼다. 그런데 의사는 충치를 발견하지 못하기 때문에 이상히 생각하게 된다. 이 경우「입」즉, 여성기를 보이고 싶다는 잠재적인 욕구를 뜻하며 어째서 발견해 주지 않을까? 나는 보여주고 싶은데, 하는 표현이며 또한 보이고 싶다는 생각을 하면서 숨기고 있다는 징조이기도 하다.

○ 환자가 치유되어 건강해지는 꿈은 일에 대한 소원, 계획, 작품, 연구 등에서 성취되는 표현이며 일과 연관성이 있다.

○ 약국에서 약을 사오는 꿈은 사업의 대책이 마련되거나 어떤 약속이 이루어진다.

○ 가슴에 병이 드는 꿈은 마음에 상처를 받는다

○ 음식을 먹고 체하거나 배가 아픈 꿈은 어떤일에 책임을 지나 그 일이 능력에 비해 너무 벅차게 된다.

○ 열이 많이 나는 꿈은 학문이나 신앙에 심취하게 되는 표현

으로 본다.

○ 집에 나병환자가 찾아오는 꿈은 선교사. 전도인 등이 찾아온다.

○ 가스에 중독되는 꿈은 어떤 사상적 감화를 받거나 독감 등 의 유행성 질병에 이환 되기가 쉽다.

○ 움직일 수 없는 환자의 방에 햇빛이 내려 쪼이는 꿈은 병이 치료된다는 징조이다.

○ 붕대로 머리나 손을 감은 시체를 보고서 무서워하는 꿈은 교통사고로 차가 부서지지만 사람은 살아난다.

○ 병자가 어떤 신령적인 존재에게 절을 하는 꿈은 그 병이 곧 치유된다.

○ 입원하려는 사람이 신령적인 존재의 안내를 받거나 또는 지 도를 받는 꿈은 좋은 의사를 만나 곧 병이 완치된다.

○ 현재 움직일 수 없는 중환자가 큰절을 받는 꿈은 그 병이 더욱 악화된다는 징조이다.

○ 임금이 내리는 사약을 먹고 죽는 꿈은 어떤 일이 성사되어 최고의 명예나 권리를 획득하는 대길한 표현이다.

○ 누가 많은 약병을 가져오는 꿈은 사업 대책이나 생계비, 때 로는 담배, 음료수 등을 얻게 된다.

○ 의사 또는 약사가 주는 약을 받아먹는 꿈은 어떤 임무를 부 여 받거나 업무상 특별한 지시를 받는다.

○ 머리를 수술하는 꿈은 작품, 논문 등이 관계자에게 심사를 받거나 상담에 응하게 된다.

○ 신체의 한 부위를 수술하는데 통증이 전혀 없는 꿈은 계획 하는 사업에 하자가 없음을 뜻한다.

○ 병원에서 입원 일수를 정해주는 꿈은 추진하는 사업 계획이 나 작품 같은 것이 그 일수만큼 지연된다.

○ 병을 치료하다가 중단하거나 도중에 잠이 깨는 꿈은 하는

일에 어려움이 따른다.

○ 병을 치료하다가 죽는 꿈은 사업의 소원. 계획 등이 완벽하게 이루어진다.

○ 의사에게 치료를 받은 꿈은 사업의 계획, 작품 등을 당국에서 검토를 하게 된다.

○ 사육하던 동물이 병드는 꿈은 자기의 작품이나 사업의 계획 등을 당국에서 검토해 주기를 바라는 일이 있게 된다.

○ 임산부가 아기를 출산하려고 배가 아파서 신음하는 꿈은 창조적인 일이나 생산적인 일에 진통을 겪게 된다고 한다.

○ 간호원의 간호를 받는 꿈은 협조자의 도움으로 어떤 계획을 추진하게 된다.

○ 병석에 있으면서 간호를 받는 꿈은 자기의 일거리나 작품을 남이 도와주게 된다.

○ 다리에 통증을 느끼고 잘 걷지 못하는 꿈은 하는 일이 어려운 처지에 놓이게 된다.

○ 병에 걸려 앓아 눕는 꿈은 자기의 일거리나 작품에 어떤 미진함을 예시한 것이라 본다.

○ 감기에 걸리는 꿈은 사상적 또는 종교적인 설교에 감화를 받는다.

○ 전염병에 이환되어 앓는 꿈은 사상, 종교 등에 몰입하게 되는 징조이다.

○ 병자가 통곡하는 꿈은 병이 낫기가 힘들고, 사치스러운 옷을 입으면 죽게 된다.

○ 병자가 약을 먹는 꿈은 병이 차차 낳을 징조이나, 뛰어 달아나는 꿈은 사망할 수 이다.

【결혼】

결혼은 사회적인 책임을 의미한다. 예를 들면 현실에서는 생각지도 않았는데 꿈속에서 결혼하려고 생각하기도 하고, 꼭 결혼하지 않으면 안되기도 하는 것은 보살펴 주지 않으면 안될 사람이 있기 때문이다. 이는 곧 그 사람에게 어떤 책임을 느끼고 있는 것이 된다. 또한 상대가 누구인지 잘 모르면서 결혼식을 거행 하려고 하는 꿈은 사회적으로 책임을 질 것인가 안질 것인가를 결정짓지 못하는 것을 뜻한다. 예를 들면 어느 회사에 취직을 할까 말까 갈피를 못잡는 형태이기 때문이다. 그리고 부모가 권유하는 결혼을 반대하는 꿈은 강요 당하는 책임을 지고 싶지 않다는 것을 뜻하며 부모에 대한 반항이나 불만이 싹튼다는 것을 상징하는 것이 된다.

○ 한 장소에서 여러쌍이 동시에 결혼하는 것을 보면 회담, 상담 등이 여러차례 열리게 됨을 암시하는 것이다.

○ 결혼식장에 들어갔는데 하객이 없는 꿈은 입학, 취직 등이 이루어지는 길몽이다.

○ 결혼 선물을 교환하는 꿈은 어떤 약속의 이행을 표현하는 꿈이다.

○ 결혼식장에 나가기 전 드레스를 입고 자기의 모습을 거울에 비춰보는 꿈은 평소 존경하던 반가운 사람을 만나게 된다.

○ 결혼식장으로 드레스를 입고 들어가는 꿈은 신분이 새로워지며 입학, 취직 등이 성취된다.

○ 자신의 결혼식에 신랑이 다른 여자와 서 있는 꿈은 계약 관계에 있어서 자기의 일이 순조롭게 성사됨을 곧 보게 된다.

○ 미남자와 결혼을 하거나 미인에게 장가드는 꿈은 모두 경사가 생긴다.

○ 부인이 몹시 검은 남자와 결합하는 꿈은 재물과 명예를 얻을 수이나, 남자가 흑색 부인과 결혼하는 것은 병을 얻게 된다.

○ 신부가 웃는 얼굴을 보이는 꿈은 친한 친구가 찾아올 징조
  이나, 깡마르고 주근깨가 많은 부인과 결혼을 하면 빈궁해질
  징조이다.

【경찰】

경찰이나 법관 등은 사회적, 도덕적인 양심을 의미한다. 현실에서 경
찰은 우리들을 도와주기도 하지만 꿈속에서는 그렇지가 않다. 이것
은 본인이 범인이나 악당으로 표현이 되기 때문이다. 일반적으로 나
이 많은 경관은 보수적인 도덕을, 나이 젊은 경관은 새로운 도덕을
의미한다.

○ 검문소에서 경관에게 신분증을 제시한 꿈은 자신의 신분을
  자랑으로 내세울 수 있는 좋은 일이 생긴다.
○ 남을 살해하고 경관에게 쫓겨다닌 꿈은 입사, 시험, 논문, 고
  시 등에서 낙방 한다고 한다.
○ 경찰관이 집을 포위한 꿈은 남에게 부탁한 일이 성사 직전
  에 있거나 아니면 위험한 사건이 발생한다.
○ 수갑을 찬 채 경관에게 끌려간 꿈은 취업, 질병, 죽음, 일의
  성사 등을 암시한다.
○ 호출장이나 영장같은 것을 경찰이 보낸 꿈은 당첨, 취직, 체
  포, 입원 등의 통지서가 온다는 표증이기도 하다.
○ 경관이 총을 겨누자 자신이 공포에 떤 꿈은 어떤 심적 고통
  을 받을 일이 발생한다.

【계산】

손익을 셈 하는 것이 즉 계산이다. 대체로 욕망을 추구하고 싶은 기
분과 불명예스러운 소문이나 자기의 양심을 저울에 달아보고 있는
현상과 같다.

○ 누군가가 주판이나 계산기를 들고 방으로 들어오는 꿈은 자기의 일에 동조자가 생기거나 금전 관계로 자기를 찾아올 사람이 있게 된다.

○ 계산하는 꿈을 꾸면 사업의 계획이나 성과 등을 분석하게 된다.

○ 꿈속에서 표현되는 숫자는 대체적으로 사실과 동일하게 나타난다.

○ 공중이나 머리속에서 숫자가 나타나는 꿈은 앞으로 그 숫자와 관련이 되는 일을 체험하게 된다.

【고양이】

고양이는 일반적으로 여성을 뜻한다. 고양이가 무서운 얼굴을 하고 있으면 당신이 그 여성에게 증오나 질투를 느끼고 있다는 것이 된다.

○ 고양이와 개가 싸우는 것을 본 꿈은 세력 다툼을 하거나 상호 공박하는 일에 관여하게 된다.

○ 고양이를 어루만지거나 안는 꿈은 여자나 아이를 품에 안을 일이 생긴다.

○ 고양이가 쥐를 잡는 꿈은 경찰관인 경우 범인을 잡아 큰 공로를 세우거나 재물을 얻게 된다.

○ 고양이가 말을 하는 꿈은 사람과 같이 동일시 하면 된다.

○ 고양이를 잡아 죽이는 꿈은 자기의 하는 일에 방해자를 제거한다.

○ 고양이가 집을 나가버리는 꿈은 고용인을 해고시키거나 아니면 재물을 분실한다.

○ 고양이의 눈빛이 매우 빛나는 것을 보면 자기의 학설에 뚜렷한 이미지가 부여되어 세인의 주목을 받는다.

○ 닭장을 들여다 보는 고양이의 꿈은 자기집 재산에 손해를 끼

칠 사람이 나타난다.

【고향】

고향은 편안하고 안정된 곳을 갈망하는 잠재의식의 표출이다. 귀찮은 업무나 환경을 벗어나서 혼자 휴식을 취하고 싶은 마음이 꿈을 통하여 표출된 것이다. 또 한편 만 인간의 고향인 여성의 자궁을 의미 하기도 한다.

○ 고향의 집에 찾아가서 부모님을 뵙고 큰절을 올리는 꿈은 직장의 상사에게 어떤 청원을 올리거나 학교 당국에서 입학을 허락 받는다.

○ 고향에 관한 꿈이 빈번히 나타나면 고향과는 상관없이 현재의 위치를 바꿔 놓거나 이사를 하게 된다.

○ 자기가 자라난 고향의 논과 밭 또는 집들이 황폐해서 쓸쓸한 느낌이 드는 꿈은 생각지도 않은 행운이 찾아오는 운세를 암시한다.

○ 고향의 산기슭이나 들판에서 일어난 일들의 꿈은 현재 거처하고 있는 지리적 여건이 내가 자란 고향과 유사함을 뜻한다.

【곡물】

곡물은 정액을 상징한다. 이는 가마니나 부대자루에 넣어진 곡물이 조그만 구멍을 통해서 흘리기가 쉽고, 흐르면 자루의 크기도 변해진다. 그래서 정액과 비유한다. 입안에 밥을 가득 물고 먹는 꿈은 입이 여성기를 표시하기 때문에 성적인 욕망을 표현한다.

○ 논에서 모내기하는 것을 구경하면 관리자에게는 지위가 향상되고 상인은 큰 이득을 보게된다.

○ 벼나 보리가 풍년이 들어 잘 결실되어 있는 꿈은 몸이 평안하고 재물이 생긴다.

○ 쌀과 보리를 넓은 지역에 뿌리는 것을 본 꿈은 애쓴 보람이 있어 많은 소득과 이윤이 발생한다.

○ 창고에 곡식이 가득차 보이면 사업이 번창하거나 아니면 혼담이 성립되고 또한 소송에도 승소할 수 있다.

○ 오곡이 풍성하나 아직 익지 않은 꿈은 점차로 부자가 될 꿈이다.

○ 보리나 벼에 이삭이 나와 보이는 꿈은 큰 재물을 얻을 수 있다.

○ 남에게 쌀을 얻는 꿈은 길몽이다. 좋은 일이 많고 쌀섬을 보는것도 좋다.

○ 쌀이 하늘에서 비오듯 하는 꿈도 대길하여 만사가 형통한다.

○ 쌀과 곡식 같은 것을 말이나 저울로 계량해 보이는 꿈은 협의하는 일이 성립되고, 쌀을 사서 들어오면 앓던 병이 물러간다.

○ 지붕위에 벼포기가 나보이는 꿈은 관직에 오르고 음식을 대접 받는다.

○ 콩이나 보리쌀을 보는 꿈은 자손에게 불길하다.

○ 콩 같은 것을 먹는 꿈은 자손에게 해롭고 집안에 분쟁이 일어난다.

○ 팥이 쌓여 있는 것을 보면 그 집이 차츰 기울고 가족이 흩어진다.

○ 논과 밭에서 곡식을 지키는 허수아비, 소리내는 깡통 같은 것을 보면 대길하고 좋으나 다만, 겨울의 이 꿈은 도난의 염려가 있다.

○ 물레방아를 보면 남자는 신분이 자기보다 높은 여인과 인연을 맺어 뜻밖에 좋은 일이 생기고, 여자일 경우에는 수하 사람에게 신임을 받는다. 그러나 구설수가 따르니 조심을 해야

한다.

○ 논 가운데 풀이 무성해 보여도 대길하며 재물을 얻는다.

○ 농사를 짓는 꿈은 재물도 얻고 대길하다.

○ 전답이 황폐한 꿈도 행운이 찾아오며 길하다.

○ 손수 모내기를 하거나 벼를 베는 꿈은 다같이 출타할 징조
  이다.

○ 농사를 짓는 꿈은 모두 대길하다. 손수 농사를 지으면 재물
  을 얻고 남으로 하여금 농사를 짓게해도 재수가 있다.

○ 꿈에 오곡이 무성해 보여도 재수가 있고 재물을 얻으며, 오
  곡이 풍요롭게 결실되어 수확을 하면 술과 음식이 생긴다.

【곤충(虫)】

벌레의 꿈은 자기의 라이벌에 대한 증오의 표현이다. 평소부터 송충
이나 바퀴벌레가 싫은 사람이 꿈속에서 그것들을 죽이려고 하는 것
은 지극히 당연하다고 생각되지만 사실은 그것이 자기의 연적(戀敵)
이라던가 부모의 사랑을 빼앗으려는 형제, 사업적인 라이벌 등을 제
거하고 싶다는 욕망의 표현인 것이다. 또한 결혼한 여성이 바람기가
있는 것에 대한 고민을 뜻하기도 한다.

○ 자기가 큰 나비가 되어 날아다니는 꿈은 훌륭한 작품을 지
  상에 발표하는 일과 연관성이 있다.

○ 나비나 잠자리 같은 것이 알을 까는 꿈을 꾸면 사업가는 이
  차적인 사업을 추진하여 성사시키게 된다.

○ 파리가 떼를지어 길거리에 날아다니는 꿈은 유인물이나 책
  자를 발간하여 세상에 전하는 일과 연관성이 있다.

○ 누에나 벌레가 고치를 만드는 것을 본 꿈은 집회, 결사 등의
  일이 순조롭게 추진이 된다.

○ 호랑나비가 어깨나 치마에 앉은 것을 본 꿈은 바람피우는

일과 연관된 일이 생긴다.

○ 꽃에 벌과 나비가 날아와 앉은 것을 본 꿈은 상봉, 연애, 약혼 등이 성립된다.

○ 곤충을 거미줄에서 떼는 꿈은 어려움에 처한 사람을 구해 주게 된다.

○ 거미떼가 자기에게 덤비는 꿈은 무뢰한에게 시달림을 받거나 시비를 당한다.

○ 누에를 많이 기르는 꿈은 많은 재물이 생기는 길몽이다.

○ 벼룩이 방바닥에서 뛰는 것을 잡지 못하는 꿈은 도둑을 놓치는 일과 관계가 있다.

○ 빈대 때문에 잠자리를 옮기는 꿈은 본인에게 손해를 입히는 사람 때문에 사업의 업종을 변경하는 일과 연관이 있다.

○ 곤충의 무리가 하늘을 난무하는 꿈을 꾸면 자기의 PR이나 이념이 잘 이루어진다.

 ※ 모든 곤충류의 형체는 작지만 대중, 단체, 세력, 명예, 재물 등을 상징한다.

○ 파리가 날아와 귀찮게 구는 꿈은 제3의 방해자로부터 시달림을 받는다.

○ 벗어 놓은 의복에 이가 우글거리는 꿈은 집안식구 가운데 우환이 발생한다.

○ 몸에서 기생충을 배설하는 꿈은 근심과 걱정이 해소된다.

○ 이가 몸을 물어 가려운 꿈은 어떤 일로 근심과 걱정을 하게 된다.

○ 많은 모기를 손으로 잡는 꿈은 자기의 일에 비협조적인 사람을 처리하게 된다.

○ 큰 말벌을 손으로 잡는 꿈은 어떤 계약이 성립된다.

○ 빨간 나비가 계곡에서 나는 것을 보면 정치인이나 공직에

진출하게 된다.

○ 고추잠자리가 떼를 지어 나르는 것을 본 꿈은 귀한 여성을 만나 경사를 맞이한다.

○ 천장에 붙은 파리들을 죽이거나 쫓아 버리는 꿈은 부모의 병환이나 사업상의 애로사항이 해소된다.

○ 몸에 송충이가 붙는 꿈은 어떤 화를 면하기가 어려우니 각별한 조심을 해야 한다.

○ 부엌에서 기어나오는 바퀴벌레를 모두 잡아 봉지에 넣는 꿈은 많은 정보를 수집할 일과 관계가 있다.

○ 꿀벌들이 모두 날아가 버리는 꿈은 자기의 세력이나 사업의 기반이 와해된다.

○ 지네에게 물리는 꿈은 돈을 융자 받을 일이 생긴다.

○ 많은 벌들이 나무위에 있는 벌집에 드나드는 것을 보면 큰 기업을 경영하여 많은 종업원을 거느리게 된다.

○ 벌에게 쏘이는 꿈은 병고에 시달리게 된다.

○ 벌통에 꿀이 많은 것을 보면 막대한 사업자금이 생기게 된다.

○ 큰 벌레를 물고 가는 개미를 보면 여러사람이 자기 사업을 도와준다.

○ 손과 발에 개미떼가 기어오르는 꿈은 자기에게 의지하거나 또는 지도를 받을 사람이 많게 된다.

○ 개미집을 헐어버리는 꿈은 집안이 화목하지 못하거나 가족이 흩어진다.

○ 거미줄에 매달린 거미를 보면 누군가 계략을 꾸미고 있음을 예시함이다.

○ 반딧불을 본 꿈은 어떤 일이 될듯 하지만 쉽사리 성사되지 않는다.

【과일】

잘 익은 과일, 둥근 모양의 과일, 갈라지는 과일 등은 여성을 상징한다. 그리고 과일을 나무에서 따는 꿈은 성적 욕망의 표현이고, 과일이 썩어 있다던가 이상한 맛을 내는 꿈은 성병에 대한 두려움을 암시한다.

○ 배나무에 배가 주렁주렁 달린것을 보면 하고 있는 사업이 순탄하게 잘 성취된다.

○ 과일나무에 과일이 주렁주렁 달린 꿈은 사업의 성과, 창작활동 등을 표현한다.

○ 전신주에 달린 과일을 모르는 사람이 따서 버린 꿈은 계약이 해약되거나 사람이 행방 불명된다.

○ 잘익은 과일을 따 먹는 꿈은 좋은 일을 책임지게 된다.

○ 앵두같은 작은 과일의 꿈은 재물, 키스, 일의 성과 등을 나타낸다.

○ 감나무에 오르거나 감을 따 먹는 꿈은 일을 단계적으로 차근히 진행해 나간다.

○ 쪼개진 과일을 얻은 꿈은 확실하지 못한 사업에 손을 대게 된다.

○ 알밤을 힘에 벅찰 정도로 많이 가져온 꿈이 태몽이 되면 부귀 영화를 누릴 수 있는 자손을 얻는다.

○ 산 중턱에서 과일을 따온 꿈이 태몽이 되면 운세가 점진으로 호전되어 사업을 성취시키는 자손을 얻는다.

○ 뽕나무 열매를 따 가진 꿈은 입학, 계약, 성교, 잉태 등이 이루어진다.

○ 참나무를 돌로쳐서 도토리가 우수수 떨어지는 꿈은 신상문제, 체험담, 독서, 기관, 재물 등과 연관이 있다.

○ 배를 몰래 따온 꿈이 태몽이 되면 비범한 자손을 얻는다고

한다.

○ 앵두를 따먹는 꿈은 연애, 성교 등의 일이 이루어질 수 있다.

○ 방안에 있는 과일나무에 과일이 결실되어 그 과일을 따 먹
으면 약혼이 성립되거나 성교와 연관된 꿈이 될 수 있다.

○ 잘익은 복숭아를 따서 먹는 꿈은 연애, 성교, 입학 등이 이
루어진다.

○ 떨어진 감홍시를 주워먹는 꿈은 창피당할 일이 생긴다.

○ 깨어진 과일을 얻고서 혼담이 오가는 꿈은 혼사가 파기되거
나 불행해진다.

○ 붉은 과일이 단 한개 열려있는 것을 따서 먹는 꿈은 여자의
정조를 점령한다고 한다.

○ 남이 따서주는 과일을 받으면 계약, 혼약, 청탁, 일거리 등의
일과 관계가 있다.

○ 붉게 익은 사과 여러개를 따온 꿈은 여러가지 일에 종사하
여 좋은 성과를 얻는다.

○ 과일을 통채로 삼킨 꿈은 권리, 명예 등을 얻을 수 있다.

○ 여러그루의 감나무에서 떨어진 감을 주워 모은 꿈은 여러
기업체, 여러 작품 등에서 좋은 성과를 얻는다.

○ 꽃이 달린 채 떨어진 풋감을 주워 담는 꿈은 연구자료를 수
집하거나 자본주를 구하게 된다.

○ 선악과라고 생각되는 과일을 따먹는 꿈은 옳고 그름을 판단
하고 진리를 깨닫게 된다.

○ 곶감꽂이에서 곶감을 한개씩 빼먹는 꿈은 마무리 단계에 있
는 일을 맡게 된다.

○ 보통 나무에 올라 과일을 따먹는 꿈은 취직, 계약 시험 등의
일을 나타낸다.

○ 붉은 대추를 많이 따온 꿈은 재물이 생기고 경영하는 사업

도 번창한다.

○ 꽃은 겼는데 열매를 맺지 않는 꿈은 하는 일에 발전이 없거나 궁지에 몰리게 된다.

○ 감을 차에 싣고 운반한 꿈은 출판된 서적을 판매한다.

○ 나무 밑에 떨어진 도토리를 많이 줍는 꿈은 다방면으로 재물을 많이 얻는다.

○ 누런 과일과 푸른 과일을 몰래 훔친 꿈은 제3자를 통해서 혼담이 성립된다.

○ 여러개의 과일나무를 단계적으로 심는 꿈은 경영하는 사업이 순리대로 성취된다.

○ 노란꽃 화분을 방안에 들어왔는데 열매를 맺는 꿈이 태몽이 되면 예술 작품으로 세인의 이목을 집중시키는 출중한 자손을 얻는다.

○ 익지도 않은 풋과일을 어른이 따줘서 먹는 꿈은 제대, 퇴직, 불합격 등에 연관된 일이 발생한다.

○ 나무 중간에 열린 과일을 딴 꿈은 이것이 태몽이라면 별 어려움 없이 사업을 추진할 수 있는 자손을 얻는다.

○ 신선한 청과류를 많이 보유한 꿈은 사업이 확장되고 재산이 늘어난다.

○ 청과류를 시장에서 사온 꿈은 사업이 신장되거나 단체, 기관 등에서 재물이 생긴다.

○ 과일이 많이 열려있는 나무 사이를 산책하는 꿈은 재물이 생기고, 대추, 배, 과일 등이 익어 보이는 꿈은 자손이 번창한다.

○ 오이 덩굴에 오이가 열려있는 꿈은 아내에게 좋지 못한 일이 생긴다.

【관】

관은 자살하려는 허황된 공상을 뜻한다. 관에 대한 꿈은 죽음으로 항의하고 반항하는 생각이 깊다.

○ 죽은 사람이 관속에서 나오는 꿈은 뜻밖에 손님이 올 징조이다.

○ 꿈에서 관을 보면 재물이 생긴다고 한다.

○ 관속에 있는 시체를 얻으면 큰 재물을 얻는다고 한다.

○ 본인이나 타인이 산 채로 관속에 들어가는 꿈은 서로가 다투고 소송을 하는 일이 있다.

○ 관속의 시체가 부패하여 그 냄새가 고약한 꿈은 반드시 재물을 얻는 길몽이다.

○ 무덤 속에서 관이 저절로 나오는 꿈은 재운이 대통하고, 무덤이 저절로 갈라지거나 열리는 꿈도 동일하게 재운이 좋다.

【광장】

광장은 자신의 위치를 확보하고 싶다는 뜻을 표현하고 있다.

○ 넓은 광장에 혼자 서 있는 꿈은 먼길을 갈 수 이다.

○ 넓은 들판에 큰 나무가 홀로 우뚝 서 있는 꿈은 사업하는데 고독하고 근심이 많을 징조이며, 만일 이 나무에 올라가게 되면 더욱 구설수가 따르게 된다.

○ 운동장, 체육관, 야구장 등을 보는 꿈은 사건현장, 기관, 사업장, 신문, 잡지 등의 지면을 상징하는 것이다.

【구름】

구름은 하는 일에 무엇인가 위험한 결과를 초래할 징조로 본다.

○ 휘황찬란한 오색 구름을 보면 모든 사람들이 부러워하고 긍정적인 생각으로 받아들일 사업을 벌이게 된다.

○ 먹구름이 일고 번개가 치는 꿈은 어떤 회사에서 귀찮을 정
   도로 입사를 권유하거나, 아니면 신문지상에서 자기에 대한
   좋은 기사가 실리게 된다.
○ 넓은 하늘이 검은 먹구름으로 덮히는 꿈은 무슨 일을 하든
   순조롭지 못하고 불쾌, 불만감만 고조된다.
○ 하늘로 승천한 용이 구름속으로 모습을 감춘 꿈은 정부기관
   에서 중요한 직책을 맡게 된다.
○ 하늘의 구름이 노란색으로 변하는 꿈은 명예로운 일과 재물
   을 한꺼번에 얻게 된다.
○ 구름을 타고 손오공처럼 다닌 꿈은 어떤 모임이나 단체에서
   최고의 자리에 앉게되며, 현재의 사업도 승승장구 발전한다.
○ 청천하늘이 별안간 흐려지며 밤처럼 어둡게 변하는 꿈은 나
   라에 혼란이 일어나 시끄러워지게 된다.
○ 하늘이 점점 밝아오면서 구름이 개는 꿈은 수명이 장수할
   징조이다.
○ 구름이 홀연히 별을 가리는 꿈은 반드시 가해자가 나타날
   징조이다.
○ 구름이나 안개가 온몸을 감싸주는 꿈은 대길하여 모든 하는
   일이 순조롭게 성취된다.

   【군인】
군인은 실제의 군인 또는 그 일원의 인물과 동일시한다.
○ 군인이 모자를 잃어버리는 꿈은 강등이나 면직을 당하고, 무
   기를 잃어버리면 협조자나 대책, 방법 등을 찾지 못하고 혼
   자서 몹시 고민한다.
○ 학생이 장교나 하사관이 되는 꿈은 수석을 하거나 또는 회
   장이 되며, 일반이 장교가 되면 득세를 하거나 단체의 장이

76

된다.

○ 장교나 부대장으로부터 훈장을 받는 꿈은 명예가 주어지며, 기압이나 구타를 당하면 문책이나 또는 중대한 책임을 묻게 된다.

○ 장교가 새로운 견장을 다는 꿈은 표창을 받거나 진급 또는 명예가 주어진다.

○ 군인이 아닌 자신이 완전무장을 했다면 어떤 기관, 단체의 일원이 되어 중책을 맡는다. 또한 자신의 작품이나 업적이 공모에 입선이 되기도 한다.

○ 행진하는 군인을 보면 전략, 정책, 사상, 선전 등 계획한 일들이 잘 추진된다.

○ 적병을 차례차례 사살하는 꿈은 관청의 일이나 계획한 일들이 순탄하게 잘 풀려간다.

○ 적병의 능력이 너무나 방대하여 승리를 거두기가 벅차면 고통스러운 일거리의 상징이라 볼 수 있다.

○ 적병에게 쫓기고 있는 꿈은 어떤 질병에 걸리거나 자기가 추구하는 일이 쉽게 달성되지 않는다는 징조이다.

【그릇(器)】

그릇은 물건을 담거나 받는 용기를 이르며, 이는 여성의 상징이다. 찬장이라든가 벽장처럼 큰것으로부터 작은 항아리 혹은 양복의 호주머니, 핸드백 등 모두 동일시한다.

○ 꿈에 구리쇠로 만든 냄비를 보면 구설수가 생긴다.

○ 냄비나 술잔 또는 소반과 같은 것이 깨져 보이는 꿈은 불길하니 만사에 조심하고 근신하면서 소극적으로 대응해야 한다.

○ 꿈에 수저를 보는 것은 식구가 늘어난다는 징조이다.

○ 꿈에 화로나 화저를 보면 의논하던 일이 성사가 된다.

○ 꿈에 쟁반 같은 것을 보면 재산이 늘어난다.

○ 타인으로부터 큰 물통을 받는 꿈은 전답이 늘어나는 길몽이다.

○ 솥이나 냄비가 깨지는 꿈은 흉몽이 되어 집안에 불상사가 발생한다.

○ 솥에 끓이는 물건이 넘치는 꿈은 큰 재물이 생기는 길몽이다.

○ 물통에 물이 없는 꿈은 불길하며 손재수가 있고, 기타 하는 일도 여의치 못하나 물통에 물이 많으면 재수가 좋다.

【그림】

꿈속의 그림은 마음의 상태를 표현하고 있다. 색체가 강렬한 것은 감정이 격앙되고 있음을 뜻하고, 스케치나 수묵화처럼 색채가 없는 그림은 사회적으로 압박을 받는 감정을 억제하고 있음을 뜻한다. 인물화의 경우 그 인물은 평소 의식하고 있는 인물중의 하나이다.

○ 풍경화 한폭을 감상하는 꿈은 소원이나 계획한 일 또는 운명적인 추세를 그 그림에서 내용으로 예시한 것이다.

○ 춘화도를 보는 꿈은 심리학 서적이나 철학적인 서적을 읽게 된다.

○ 만화를 보는 꿈은 어떤 사건의 전말을 예시하거나 영화같은 것을 보게 된다.

○ 갖가지 그림이 담긴 서적을 들춰보는 꿈은 어떠한 사건을 추적하게 된다.

○ 남이 보내오는 그림의 꿈은 혼담, 연애편지 등을 예고하고 또한 어떤 경고장 같은 것을 받을 수도 있다.

○ 그림을 사오는 꿈은 서적이나 상장, 학위증 같은 것을 받거나 명예를 얻게 된다.

○ 그림을 잘못 그린 꿈은 좋지 못한 곳으로 발령을 받게 된다.

○ 풍경화 또는 사생화를 그리는 꿈은 자기의 소원, 사업, 운세,

결혼문제 등을 결정할 일들과 연관성이 있다.

【기차】

기차는 일반적으로 여자의 자궁을 상징한다. 그래서 기차에 동물이 타고 있으면 임신하고 있음을 의미하고, 열차가 멈추지 못했다든가 역을 그냥 지나치고 말았다든가 하는 꿈은 맨스가 없어 졌다는 것을 뜻한다.

○ 기차가 지나가버려서 타지 못한 꿈은 현상모집, 응모, 취직, 입학 등에 탈락된다.

○ 기차의 불빛이 자신을 비추는 꿈은 기관이나 단체에서 자기의 일을 빛내주거나 기용할 일이 있게 된다.

○ 기차가 허공이나 산을 레일 없이 달리는 것을 본 꿈은 단체나 조직이 자유로이 운용되고 세상에 높이 과시된다는 징조이다.

○ 여행중 도중 하차를 하는 꿈은 일이나 사업, 직장생활 또는 계획한 일들이 도중에 중단된다.

○ 기차로 여행을 하는 꿈은 직장이나 단체 생활이 순조롭게 잘 운영된다.

○ 기차가 달리는 것을 본 꿈은 사업체, 행정업무 등이 순탄하게 이루어진다.

○ 기차에 치어 죽는 꿈은 정치적인 문제나 작품 같은 것이 언론 또는 출판기관에서 이루어진다.

○ 차를 신나게 운전한 꿈은 어떤 사업이나 가정을 잘 리드해 영업이 신장된다.

○ 대합실에서 출발시간을 기다리는 꿈은 계획한 일들이 상당한 기간 보류 되거나 기다리게 된다.

○ 차안을 들여다보고 타지 않은 꿈은 청탁한 기관, 청혼자 등

에 대해서 내부 사정만 알아보고 인연을 맺지 않는다.

【길】

길은 성장, 성숙, 발달과정을 의미한다. 흙탕길에 자동차가 빠져 있
는 꿈은 성교의 공상이라 한다. 전진하는 길이 좁기도 하고 어둡기
도 하며 울퉁불퉁한 꿈은 현실에 제약이 많은 욕망을 꿈속에서 충족
하려고 하는 것을 의미한다.

○ 길에서 물건을 주운 꿈은 일을 하는 도중에 방해물이 생겨
   여러번 어려운 고비를 겪게 된다고 한다.

○ 길을 포장하고 있는 꿈을 보면 사업의 기반을 닦거나 새로
   운 일을 착수하게 된다.

○ 길이 질어서 빠지고 걷기가 힘든 꿈은 질병에 이환되거나
   생활에 불편함이 야기된다.

○ 암흑속에서 길을 헤매는 꿈은 하고 있는 모든 일이 암담하
   게 느껴지고 미개척 분야에 종사하게 된다.

○ 집마당에서부터 큰길이 나 있는 꿈은 다방면으로 제반사가
   순리대로 잘 풀린다.

○ 호수를 가운데 두고 여러 방면으로 길게 뻗어 있는 것을 보
   면 많은 지식을 갖고 있는 사람과 서로 이야기를 주고 받는다.

○ 가던 길을 도중에 멈춘 꿈은 자기가 소원한 일이나 계획한
   것이 중도에서 좌절되거나 포기하게 된다.

○ 눈(目)앞의 길이 움직이듯 꾸불꾸불 뻗어 나가거나 깃발이
   나부끼듯 휘날리는 꿈은 자기의 정당성을 남 앞에 주장하지
   만 뜻과 같이 받아주지를 않는다.

○ 어스름한 달밤이나 저녁 무렵에 길을 걸어 가면 생소한 일
   을 접하게 되거나 아니면 처음 만나는 사람과 대화를 나누게
   된다.

○ 길을 가다가 차에 치어 죽는 것을 본 꿈은 경영하는 사업이나 작품 등이 어떤 기관, 회사, 권력자 등에 의해서 성사가된다.

○ 남의 자전거 앞에 타고 길을 가는 꿈은 강요에 못이겨 사업을 추진하게 된다.

○ 불도저가 길을 닦거나 집터를 닦는 것을 본 꿈은 어떤 기관에서 개척사업, 계몽사업, 권력행사 등을 하게 된다.

○ 병자나 노인이 가마를 타고 가는 꿈은 불행한 일이 발생하나, 일반인이 타고 가면 벼슬을 하거나 득세를 한다.

○ 잘 다듬어진 탄탄대로를 평안한 마음으로 걸으면 사업이 잘추진되고 운세가 한동안 대길하다.

○ 좁고 험한 길을 걸으면 그 걸어간 만큼 한동안 사업 또는운세가 침체된다.

○ 지팡이를 짚고 걷는 꿈은 협조자와 더불어 일을 진행시킨다.

○ 앞 사람을 뒤에서 따라가는 꿈은 상대방이 자기 의사에 잘따라주고, 나란히 걷는 사람은 동업자, 동지 또는 어떤 일거리를 뜻한다.

○ 짐이나 갓난 아기를 안거나 업고 걸으면 하는 일에 고통이따른다.

○ 가던 길을 출발점으로 되돌아오면 계획하고 추진하던 일이수포로 돌아가거나 다시하지 않으면 안된다.

【꽃】

꽃은 기쁨, 경사, 영광, 명예, 여인, 애정, 성공, 과시 등의 일을 상징한다.

○ 꽃을 꺾어 든 꿈은 이것이 태몽이라면 사회적으로 자수 성가할 자손을 얻게 된다.

○ 만발한 꽃을 한꺼번에 꺾어 놓는 꿈은 업적, 수집 등을 나타
  낸다.
○ 꽃향기를 맡은 꿈은 자신을 남에게 과시하고 그리운 사람
  등을 만날 징조로 본다.
○ 꽃이 졌는데도 과일이 열리지 않는 꿈은 사업의 성과를 얻
  지 못하거나 도산할 운세이다.
○ 신령적인 존재가 꽃다발을 주어서 받는 꿈은 학교에서 학위
  를 받거나 기관에서 명예를 얻는다.
○ 고목에 핀 꽃송이 하나를 얻는 꿈은 학자의 연구 성과를 인
  수하여 성공하거나 남의 사업을 인수받아 그것을 발판으로
  대성한다.
○ 집마당에 꽃이 만발한 꿈은 여러가지로 좋은 일이 겹쳐서
  경사스럽다.
○ 만발한 꽃나무 아래를 걷는 꿈은 대화, 독서 등으로 자신에
  게 도움되는 일이 생긴다.
○ 꽃을 씹어 먹는 꿈은 사람들과의 만남이 자연스럽게 맺어진다.
○ 험한 산에 꽃이 만발한 꿈은 국가나 사회적인 일에 자신을
  내세운다.
○ 꽃나무의 꽃이 떨어진 꿈은 단체나 개인의 세력이 몰락함을
  의미한다.
○ 꽃송이에서 아름다운 소녀가 나와 하늘로 사라져 버린 꿈은
  감명 깊은 서적을 읽거나 하는 일이 곧 성사된다.
○ 스님이 옥반에 꽃을 담아준 꿈은 사회, 기관, 학원 등에서
  자신을 인정해 준다.
○ 꽃나무를 뿌리째 캐낸 꿈은 계약, 투자, 증권 등이 이루어진다.
○ 꽃속에 자기가 묻혀 있는 꿈은 좋은 사람을 만나거나 행복
  한 결혼생활을 하게된다.

82

- 꽃이 시든 꿈은 생명의 단절, 질병, 사업의 실패 등을 표현하는 것이다.
- 예식장이 온통 화환으로 장식된 꿈은 단체나 집단에서 자신의 성실성을 인정 받는다.
- 화초를 남에게 나누어 준 꿈은 재물이 흩어지고, 어떤 나무 위에 난초가 나 보이는 꿈은 자손이 번창한다.
- 매화꽃이 만발한 꿈을 보면 명성이 널리 알려지고, 매화나무에 열매가 열린것을 보면 귀자를 얻을 태몽이 된다.

【나무】

나무는 몸의 전체를 표현하고 가지는 신체의 일부분을 뜻한다. 일반
적으로 무성한 나무는 젊음과 건강을 암시하고, 시들은 나무와 꺾어
진 나무는 쇠약과 피로를 뜻하며, 뿌리를 깊게 뻗고 있는 묵직한 나
무는 정서의 안정을 뜻하는 것으로 해석하고 있다. 그러나 나무가
반드시 몸을 꼭 의미한다고는 할 수 없다. 예를 들면 나무에 오른다,
뱀이 나무를 감고 있다 등의 꿈에서 나무는 특별한 의미를 가지지
않고 다만 오른다는 것이 주제가 된다.

○ 집안에 대나무나 소나무가 빽빽이 들어 찬 것을 본 꿈은 일
   반적으로 현실사회에서 일어나는 복잡 미묘한 사회상을 표현
   하고 있다. 이와같은 꿈은 모든 일에 운이 따른다는 징조를
   암시하는 꿈이라 한다.

○ 본인이 나무를 심거나 가꾸는 꿈은 계획한 사업을 서두르지
   말고 차분히 밀고 나가면 후회없이 성공을 한다.

○ 잎새가 무성한 나무에 꽃이 만발한 것을 보면 운수가 대통
   하고 생활의 여유를 찾게 된다. 잎새가 없는 앙상한 나무를

보는 꿈은 모든 일에 재수가 없으며 난관에 봉착하여 어려움을 겪는다. 그리고 나뭇잎이 떨어지는 꿈은 집안이 화목하지 못하고 시끄러운 일이 있게 된다.

○ 지붕위에 단풍나무가 있는 꿈은 진급이 될 징조이다. 매사에 하는 일도 순조롭다. 그러나 다른 나무가 단풍나무로 변한 꿈은 화를 입을 징조이니 매사를 신중히 처리해야 한다. 그리고 나무가 말라 죽는 꿈은 집안에 불길한 일이 발생 한다고 본다.

○ 자기의 집에 나무가 자라는 꿈은 흉몽에 속한다. 이는 집안에 불행한 일이 일어남을 암시해 주고 있는 꿈이라, 반드시 가족 중의 한사람이 큰 화를 입거나 불행하게 되는 것을 보게 된다.

○ 우물에서 뽕나무가 나 있는 것을 보면 모든 일이 제대로 진행되지 않을뿐만 아니라, 건강이 나빠질 징조로 본다. 비록 흉몽에 속하는 꿈이지만 지혜롭게 대처하면 오히려 좋은 일이 생길 수도 있다.

○ 자신이 나무를 오르는데 가지가 부러지는 꿈은 본인이나 가까운 사람의 불행을 나타내는 징조이다. 나뭇가지가 부러지는 소리가 크게 들리면 집안 사람가운데 한 사람이 뜻하지 않은 사고를 당해서 크게 놀라는 흉몽이다.

○ 뜰앞에 서 있는 나무가 잎이 떨어져 앙상하게 보이면 집안에 좋지 못한 일이 발생한다는 징후이니 조심을 해야한다.

○ 본인이 걸어가고 있는 길에 가시나무가 나 있는 꿈은 자신의 앞을 가로막는 방해물이 있다는 것을 상징한다. 실제로 계획한 일들이 순조롭지 못하고 대인관계도 원활하지 못하다.

○ 마른나무에 꽃이피면 지금까지 순조롭지 못하던 일도 순탄하게 뜻과 같이 풀리게 된다. 그리고 자손이 크게 번창한다

는 징조이기도 하다.

○ 본인이 큰 나무에 올라가는 꿈은 현재의 위치보다 지위가 향상되고 출세의 문이 열릴 징조를 암시한다. 이와 반대로 나무에서 떨어지거나 부상을 입게 되면 좋지 않은 일이 일어날 징후이니 각별히 근신을 해야한다.

○ 본인이 대나무 숲속을 조심스럽게 걷고 있는 꿈은 불길하니 조심을 해야 한다. 이것은 대나무 뿌리가 사방으로 뻗어 있으니 좋지못한 소문이 퍼진다는 의미를 내포하고 있으며 자신도 소문이 두려워 불안한 마음을 가지게 된다.

○ 월계수를 보는 꿈은 반드시 경사스러운 일이 일어날 징조를 암시하여 주는 길몽이다. 기혼자가 이 꿈을 꾸었을 경우에는 처가의 유산을 상속받는 일이 있게 되는 경우가 있다. 또한 소나무와 같은 상록수가 집 가운데에 있는 것은 운수가 대통할 꿈이다.

○ 집앞에 소나무와 대나무 같은 것이 무성해 보이는 꿈은 자손이 번창할 길몽이다. 그리고 그 자손의 장래도 매우 밝다. 대체로 뜰앞에 대나무가 나 있는 꿈은 대길하며 모든 일이 순조롭게 번창한다.

○ 죽순이 성장하는 것을 보면 자손이 번창하고 출세의 문이 크게 열릴 징조이다. 그리고 죽순을 꺾어 가지고 집안으로 들어오게 되면 생남(生男)을 한다. 현재까지 결말을 보지 못하고 정체상태에 있던 일이 있으면 가급적 빨리 종결을 맺는 것이 유익하리라.

○ 여러가지의 수목을 보는 것은 길몽이다. 나무는 일반적으로 몸을 상징하기 때문에 잎이 무성한 나무는 젊음을 상징하고 잎이 시든 나무는 피로와 쇠약함을 암시한다.

○ 지붕위에 나무가 떨어져 있는 꿈은 재물을 모을 수 있는 길

이 열리고 운수가 대통할 좋은 꿈이 된다.

○ 꿈에서 수목이 말라 죽으면 집안에 불화가 생길 징조로 보고, 큰 나무가 부러지는 것을 보면 대흉하여 사람이 죽는다.

○ 나무가 열매를 맺는 꿈은 귀한 자식을 얻고, 나무에 꽃이 피면 자손이 번창한다.

○ 꿈에 나무를 짊어지면 재물이 생기고 나무를 심어도 대길하다.

○ 뽕나무가 울창한 꿈은 자손이 번창하고, 뽕나무 잎이 떨어져 앙상하게 보이면 모든 일이 잘 되지 않는다.

【나체】

나체가 되는 것은 의지, 신분, 협조자, 위험, 공포, 노출, 폭로, 유혹, 과시 등의 일과 연관성이 있다.

○ 나체를 가리지 못하고 당황하는 꿈은 자기 신분이나 사업의 성패에 관하여 협조자나 대책 등이 없어서 고민하게 된다.

○ 나체를 부끄럽게 생각하는 꿈은 신상 문제나 비밀이 탄로나지 않기를 바라거나, 창피당할 일과 연관이 있는 표상으로 본다.

○ 옷을 단정히 입고 있는 꿈은 신분, 직위, 의지, 보호, 처세 등의 일이 잘 보장된다.

○ 성교시의 나체 꿈은 상대방에게 아무것도 감추거나 비밀로 하지 않고 공개적으로 일을 추진한다.

○ 나체인 자기의 육체에 매혹된 꿈은 신분이 돋보이게 되거나 배우자, 형제 등에 의해서 귀하게 대접 받는다.

○ 화가의 앞에서 나체의 모델이 되는 꿈은 심리학자, 예언가, 상담자 등과 신상문제나 운세, 심리현상 등을 상의할 일이 있게 된다.

○ 목욕이나 해수욕을 하기 위한 나체의 꿈은 수영을 하거나

몸을 씻는 행위를 표현한 것이다.

○ 스트립 쇼를 구경하는 꿈은 남이 싸우는 일을 직접 보거나 지상을 통해서 보며, 작품 선정의 일과도 연관이 있다.

○ 자기가 방안에서 나체가 되는 꿈은 경영하는 사업이 위험한 고비에 이르렀으나 이를 타개할 수 있는 대책과 협조자가 없음을 암시하는 것이다.

○ 옷 일부를 벗거나 헤쳐져 몸이 드러나는 꿈은 평소 의지하던 곳이 결여되거나 신분의 보장 등이 수포로 돌아간다.

○ 셔츠나 팬티만 입고 일하는 꿈은 고독하게 되거나 신분 보장이 결여된다.

○ 상반신을 벗고 일을 하는 꿈은 윗사람의 협조를 얻지 못하며, 하반신을 벗으면 수하사람의 협조를 얻지 못하거나 자신의 치부를 세상에 드러내게 된다.

○ 벌거벗은 나체의 꿈은 재수가 있고 만사가 뜻과 같이 형통한다.

【낙하】

낙하(落下) 즉, 떨어지는 꿈이 상징하고 있는 것은 불안감이나 무력감으로부터 벗어나고자 하는 소망의 표현이다. 어떤 중요한 것을 잃어버리지나 않을까하는 불안이라든지 제아무리 정성을 쏟고 노력해보아도 아무런 보상을 받을수 없다는 무력감 같은 것이 꿈을 통해서 나타나는 것이다. 그리고 사랑하는 사람과 헤어지고 싶지 않다거나 명성이나 재산을 잃고 싶지 않다는 바램, 아무리 열심히 작품을 써도 고작해야 원고료도 못받는 동인지 정도에나 기재될 뿐 아무도 알아주지 않은것에 대한 실망감, 같이 입사한 동기생들은 자꾸만 승진을 거듭하고 있는데 자기만 뒤처져서 늘 같은 자리만 지키고 앉아있는 초라한 처지에 대한 초조감 등이 꿈에서 떨어지는 현상으로 표출

된다. 여성의 경우에는 처녀성을 상실한데 대한 긴장감과 아쉬움이
그렇고, 아직 처녀성을 잃지 않은 사춘기의 여성이 떨어지는 꿈을
꾸게 되면 그것은 언젠가 잃어버리게 될 처녀성에 대한 불안감이나
가까운 시일내에 누군가에게 빼앗길 것을 예시해 주는 꿈이라 본다.
그러나 떨어지는 꿈이라하여 모두가 다 그러한 결과를 상징하지는
않는다. 이는 주위의 여건과 상황에 따라서 해몽의 방향은 수시로
달라질 수도 있다. 다만 떨어진다는 것이 썩 바람직하지 못하고 또
한 결코 좋지않은 현실의 상태를 암시해 주고 있다는 것만은 변함이
없는 기본적인 상징성이라 할 수 있다.

○ 까마득한 허공에서 떨어져 머리가 깨어져서 죽는 꿈은, 어렵
기만 하던 사업이 풀리기 시작하고 좋은 아이디어가 구상되
어 새로운 사업계획을 수립하게 된다.

○ 높은 곳에서 떨어지다가 나뭇가지나 전선줄 같은데 걸려서
살아난 꿈은 부도 직전에 기사회생 되거나 구사일생이란 말
을 인용할 정도의 일이 생긴다.

○ 높은 건물에서 뛰어 내렸는데 죽지 않은 꿈은 회사에 취직
이 되거나 아니면 많은 사람들이 자신을 과대 평가해준다.

○ 높은 곳에서 떨어지다가 도중에서 깨어난 꿈은 사랑하던 사
람과 헤어지게 되거나 희망이 사라지고 질병등 육체적인 시
달림을 받게 된다.

○ 높은 곳에서 떨어져 부상을 당하는 꿈은 자신에게 크나큰
타격을 줄 실수를 저지르게 되고 그로인해 큰 손해를 입게
된다.

○ 높은 곳에서 그저 떨어진 꿈은 힘겹게 쌓았던 명예가 일시
에 떨어지거나 신상에 커다란 변화가 올 징조다.

○ 낭떠러지로 뛰어내리면서 짜릿한 기분 같은 것을 느낀 꿈은
어떤 형태로든 소망하던 것이 이루어지게 된다.

【노래】

노래는 자신이 가지고 있는 매력을 대담하게 표현하고 싶다는 상징으로 보고 있다. 꿈속에서의 노래는 보통 처음에는 작은 소리에서 차츰 크고 고운 소리가 된다. 이것은 자기도 할 수 있구나 하고 자신을 격려하는 의미를 내포한다.

○ 혼자서 노래하고 춤추는 꿈은 구설이 생기게 된다.

○ 손뼉을 치며 노래하고 춤추는 꿈은 질병 또는 재난이 발생한다고 본다.

○ 피리불고 장구치며 노래하는 꿈은 기쁜 일이 많고 대길하다.

○ 남이 노래하는 것을 듣는 꿈은, 남이 자기에게 어떤 호소를 하거나 자기 선전으로 어떤 불쾌한 체험을 하게 된다. 그리고 노래를 하다가 가사를 잊거나 반주가 맞지 않아 제대로 부르지 못하면 청원, 청탁, 해명, 선전 등이 개인 또는 단체에 의해서 승인되지 않는다고 본다.

○ 합창단의 합창을 듣는 꿈은 어떤 단체가 공동성명 같은 것을 내거나 압력을 가해서 마음의 혼동과 동요를 가져온다.

【눈(目)】

눈은 수동적인 움직임을 하여 여성을 상징하는 경우가 많다. 예를 들면 눈이 충혈된 꿈은 사랑하는 사람을 잃을까 하는 것에 대한 불안이며 기대 이기도 하다. 눈을 찔리는 꿈일 때에는 성적 교섭의 몽상을 표현 한다고 본다. 이와 반대로 응시를 한다던가 바라보거나 감시를 하는 꿈속의 눈은 사회적, 도덕적 양심을 암시한다.

○ 눈에 들어간 티를 빼내는 꿈은 자기일을 청탁한 기관에서 일을 잘 처리하여 주거나 작품 원고의 추고 또는 사업의 계획 또는 수정 등을 하는 일이 생긴다.

○ 애꾸눈을 본 꿈은 의견이 편협된 사람, 균형을 잃은 일거리,

편견에 치우치는 논문 같은 것을 대하게 된다.

○ 자기가 장님(봉사)이 되는 꿈은 절망 상태에 빠지거나 답답한 일이 발생하며 간혹 성불능 등 자학에 빠지는 수도 있다.

○ 눈이 크고 시원한 여성과 키스를 하면 새로운 일거리나 책 같은 것을 얻게 되어 마음이 후련해진다.

○ 눈언저리에 털이 많이 난 사람을 보는 꿈은 자기 업적을 과장하는 사람과 접하게 된다.

○ 상대방이 자신의 윙크를 받고 따라오는 꿈은 상대방이 자기의 계략에 말려 든다고 본다.

○ 상대방의 눈이 무섭고 차게 보이는 꿈은 상대방에게 냉대를 받거나 냉정 혹은 냉혹한 일에 상관하게 된다.

○ 상대방의 눈길이 온화하고 인자해 보이는 꿈은 은혜로운 사람을 만나거나 마음에 평온을 가져다 주는 서책을 접하게 된다.

○ 상대방의 윙크를 받아 마음이 설레이는 꿈은 상대방의 계략이나 모함에 빠지기가 쉽다.

○ 상대방이 자기를 향해서 눈짓으로 무엇을 말하거나 지시하는 꿈은 상대방과 암거래할 일이 생긴다.

○ 눈병을 앓는 꿈은 경영하는 사업이 난관에 봉착하거나 우환이 발생한다.

○ 상대방의 감겼던 눈이 떠지는 꿈은 반대 의견에 부딪치거나 어떠한 일이 개선 변경된다.

○ 자기의 감겼던 눈이 떠지는 꿈은 운세가 좋아지며 진리를 깨닫고 슬기로운 지혜가 생긴다.

○ 눈이 머는 꿈은 자손에게 나쁘며, 눈이 짓무르면 손재수가 있다.

○ 눈에서 광체가 나고 천리를 보는 꿈은 장사에 이득이 많이

생기고, 시력이 부족하여 먼 곳을 보지 못하면 실망이 클 징조이다.

○ 흰눈썹이 나 보이는 꿈은 남의 우두머리가 될 징조이고, 눈썹이 빠지는 꿈은 병을 얻을 징조이다.

○ 눈썹이 보통때보다 길어지는 꿈은 연애에 성공하고 부귀를 얻는다.

○ 부녀자가 꿈에서 눈썹을 깎는 꿈은 이사하는 수가 생긴다.

【눈(雪)】

눈은 그 흰것에 의해서 청순하다. 순결함 또는 처녀성 따위를 상징하고 그것들에 대한 동경이나 원망을 의미한다. 또한 그 차다는 의미에서 냉혹, 고갈된 감정을 표현 하기도 한다. 예를 들면 눈이 쌓여지는 것 같은 꿈은 오랫동안 그 누구와도 따뜻한 마음의 교류 없이 쓸쓸하고 거칠어진 마음을 가진 사람에게 꾸어진다. 딱딱하게 얼은 눈은 여성의 완고한 태도의 표현이기도 하다.

○ 눈사태가 발생하여 건물의 일부가 무너진 것을 본 꿈은 시험에 떨어지거나 아니면 하던 사업에 실패하여 의욕을 상실하고 좌절을 하게 된다.

○ 눈을 맞으며 걷는 사람을 본 꿈은 집안 사람 가운데서 누군가가 죽거나 아니면 고소당할 일이 생기게 된다.

○ 함박눈을 맞으며 한없이 걸었던 꿈은 국가의 지원을 받게되며 법을 지켜야할 일과 직면하게 된다.

○ 눈 위에서 썰매나 스키를 탄 꿈은 사업가는 사업이 급성장하게 되고, 여타는 취직, 시험 등에 좋은 소식을 듣게 된다.

○ 폭설이 쏟아져 수많은 건물이 내려 앉은 것을 보면 경영하는 사업을 국가적 차원에서 지원을 하여 크게 신장, 번창한다.

○ 눈위의 발자국을 그대로 따라간 꿈은 사회적으로 명망이 높
 은 사람의 동상을 세우는 등 그 업적을 기리는 문화사업에
 종사하게 된다.

○ 눈이 오거나 비가 오는 꿈은 입신 양명하고 횡재수가 있다.
 다만 보슬비는 장사에 불리하다.

○ 음산하게 눈이 올때 사방이 캄캄해지는 꿈은 불길하다. 장마
 비가 그치지 않고 오는 것은 병에 걸리기가 쉽다.

【다리(脚)】

다리는 남성의 적극성, 행동력 등을 의미한다. 다리에 양말을 신기도 하고 각반을 감기도 하는데, 이는 행동력을 보강하고 싶다는 것이다. 반대로 인형처럼 다리가 빠지기도 하고 다리가 진창에 빠져서 뺄수 없는 꿈은 행동력의 감퇴와 권태 등을 의미한다.

○ 허벅다리에 총탄이 박히는 꿈은 상대방 세력의 위압에 굴복하거나 결혼, 청탁 같은 것에 승복할 일이 생긴다.

○ 처녀가 허벅다리에 총탄을 맞는 꿈은 청혼을 받아들이고 유부녀가 맞으면 잉태를 하며 학생이 맞으면 입학이나 진학을 한다.

○ 발바닥에 물감이나 피가 묻은 꿈은 자기의 일거리나 사업에 남이 계약을 의뢰한다.

○ 하늘이나 바닷가에서 발자국을 남기는 꿈은 자기의 행적 또는 업적 같은 것을 남기고 그것을 세상에 널리 알리게 된다.

○ 발바닥에 피가 흐르는 꿈은 수하의 조카뻘 되는 사람에 의해서 재물의 손실을 입는다.

○ 다리가 무거워 잘 걷지 못하는 꿈은 자신 또는 자녀간에 생활난, 사업난, 지휘력의 쇠퇴, 질병 등의 일이 발생한다.

○ 한쪽 다리가 상해 통증을 느끼는 꿈은 의지하는 사람 또는 자손 등에 해가 미치거나 자기의 이력이나 업적등에 어떤 평가를 받을 일이 생긴다.

○ 다리가 상한 꿈은 사업이 번창하고 다리에서 피가 나면 부귀할 징조이다.

○ 걸음을 쏜살같이 걷는 꿈은 운수가 열리는 징조이나, 발이 무겁고 피로하면 이는 발병할 징조이다.

【달(月)】

달은 기관, 권리, 작품, 지도자, 계몽적인 사업체, 안내자 또는 어머니, 애인, 친구, 교회, 사찰 등을 상징한다.

○ 물속에 달이 비쳐 보이는 꿈은 유명인사에 관한 기사를 지면을 통해서 읽게 된다.

○ 어스름한 달밤에 상가를 걷는 꿈은 친하지 않던 사람과 대화를 나누게 된다.

○ 초생달이나 반달을 꿈에서 보면 부분적인 일을 세상에 공개하게 된다.

○ 달이 떨어지거나 사라지는 꿈은 지도자나 또는 유명인사가 세상을 하직한다고 한다.

○ 달에 절을 하는 꿈은 유명인사에 청원을 하여 소원을 성취한다.

○ 달 무리가 오색 찬란한 꿈은 결혼생활이 행복해지거나 이와 연관된 일이 발생한다.

○ 달을 품에 안거나 쳐다보면 미혼자는 결혼을 하게 된다.

○ 창문으로 달빛이 들어와 방안이 대낮처럼 밝으면 집안에 경

사스러운 일이 생긴다.

○ 달을 보며 술을 마시는 꿈은 어떤일에 대해서 사회적인 책
임을 지게 된다.

○ 해나 달이 몸에 비친 꿈은 관직을 얻고 해, 달이 일그러져
보이면 반드시 투쟁하는 일이 생긴다.

○ 해나 달을 삼키는 꿈은 귀한 아들을 낳을 태몽이다. 그러나
달이 품안에 떨어지면 아들이 아닌 귀한 딸을 낳는다.

○ 해와 달을 향해 절을 하는 꿈은 만사가 잘 이룩된다.

○ 달과 별이 맑은 하늘에 휘황찬란하게 보이는 꿈은 만사가
뜻과 같이 성취되는 길몽이다. 다만 부녀자는 남편이나 친척
사이에서 조심할 필요가 있다.

○ 달의 그림자가 몸에 드리워진 꿈은 만사가 마음대로 되지않
고 또 혼담이 있다면 깨어진다.

【담(墻)】

담은 완고한 사고를 뜻한다. 담벽을 부서 버리려고 했지만 튼튼해서
깨지지 않는 꿈은, 주위에 대한 완고함 때문에 자유를 잃고 있는 고
민을 표현하는 것이다. 벽의 색깔을 바꾸어 칠하는 꿈은 직장이나
교우관계 또는 살고있는 방 등등 자신의 환경을 바꿔볼 생각이 있을
때 표현된다.

○ 무너진 담 사이로 밖이 훤히 내다보인 꿈은 운세가 트여서
경영하는 사업 등 모든 일이 활발하게 추진이 된다.

○ 차로 담벽을 들이받아 무너뜨린 꿈은 능력있는 사람이 나타
나서 자신의 사업에 대한 진로를 선도하고 협조해 준다.

○ 담을 뚫고 도둑이 든 꿈은 자신의 일을 열심히 도와줄 동업
자나 배우자를 만나 함께 일하게 된다.

○ 담벼락을 끼고 순찰을 돌았던 꿈은 외근 부서에 발령을 받

거나 파견 근무 같은 명령을 받게 된다.

○ 담에 그림을 그리거나 글씨를 써두었던 꿈은 자기의 작품이 공개 되거나 업적, 명성 등이 문서로 기록되어 영원히 남게 될 것이다.

○ 학생이 담 위에 올랐던 꿈은 시험에 응시 했다면 합격 통지서를 받게되고, 일반인에겐 좋은 소식이 올 징조로 본다.

【대나무】

대나무는 인간사회의 복잡 다단한 회상을 의미한다. 대나무의 뿌리는 사방팔방으로 뻗어서 얽혀져 있다. 이는 곧 소문이 널리 퍼져가는 것을 연상케 하는데 대나무 숲속을 미끄러지지 않도록 조심하는 꿈은 입을 조심해서 무겁게 움직이고 소문이 퍼지지 않도록 경계하고 조심하는 것을 의미한다.

○ 집안에 대나무나 소나무가 무성해 보이면 자손이 번창하고 또한 그 자손의 장래가 크게 영화롭다.

○ 죽순을 꺾어서 집으로 들고와 보이는 꿈은 아내가 아들을 낳을 태몽이기도 하다.

○ 대나무나 소나무가 함께 울창해 보이는 꿈은 만사가 형통할 길몽이다.

○ 뜰 앞에 대나무가 난 꿈은 대길하고 매사에 유리하게 거래가 형성된다.

○ 대나무나 소나무가 마르고 잎이 떨어져 보이는 꿈은 집안이 기우는 흉몽이니 각별히 조심을 해야한다.

○ 죽순이 성장하는 것을 보는 꿈은 좋으며 멀지않아 입신 출세를 한다. 만일 그렇치 않으면 자손이 크게 번창 하리라. 그리고 지금까지 끝내지 못한 일이 있으면 하루 속히 끝맺는 것이 유리하다.

【대변】

대변은 감정의 표현, 관념의 분비, 암거래, 부정물, 재물, 작품 등의 일을 상징한다.

○ 마당이나 변소, 방안 등에서 인분을 뒤적이는 꿈은 경영하는 사업에 보다 많은 자본을 축적할 수 있는 길몽이 된다.

○ 많이 쌓여 있는 인분을 삽으로 치우는 꿈은 사업자금에 어려움이 있거나 작품의 원고 같은 것을 재확인할 일이 생긴다.

○ 똥 냄새를 맡는 꿈은 하던 일이 잘 성사되어 널리 소문이 나거나, 아니면 어떤 특정인의 하는 일이 역겹게 느껴지기도 한다.

○ 색깔이 탁하고 묽으며 극히 소량의 인분이라도 만지는 꿈은 불쾌하거나 불만스럽게 여기던 일이 지연이 된다.

○ 누런 똥을 어린이가 만지는 꿈은 현실 생활에서 돈이 생기거나 상품 또는 여타의 일로 돈이 얻어지는 재수있는 꿈이다.

○ 자신이 똥통이나 오줌통에 빠지는 꿈은 큰 횡재수가 생기는데, 다만 악취를 느끼지 않아야 길몽이 된다.

○ 산더미 같은 인분을 그릇이나 항아리 같은데 담는 꿈은 누구에게 창피를 당하여 체면이 크게 손상된다.

○ 비닐봉지나 웅덩이 같은데 자꾸 똥을 담는 꿈은 그 횟수만큼 자금을 투자 하거나 저축을 한다.

○ 자기의 몸에서 배설한 똥이나 타인의 똥이 묻는 꿈은 부채로 고통을 받거나 남에게 창피를 당하게 된다.

○ 자기가 배설한 똥이 산더미같이 쌓이는 꿈은 정신적으로나 물질적으로나 다같이 본인에게 유리하게 전개된다.

○ 꿈에 인분을 치우는 똥차를 보면 공과금을 내는 기관이나 사업체의 일과 연관된 일이 생긴다.

○ 화장실을 청소하는 꿈은 근심과 걱정이 해소된다. 그러나 때
  로는 재물의 손실을 표현하기도 한다.
○ 변을 보려고 화장실에 갔으나 심한 변비로 인하여 힘이 들
  거나 남의 변이 여기저기 널려있어 발디딜 곳이 없는 꿈은
  사업, 생산, 입학, 취직, 결혼 등이 뜻과 같이 잘 이루어지지
  않는다.
○ 화장실에서 대소변으로 의복을 더럽히는 꿈은 만사가 길하
  나, 대소변을 도난당하면 재물이 손실당할 징조다.

【도둑】

도둑은 품고있는 두려운 생각, 성적인 망상을 표현한다.
○ 도둑이 몰래 의복을 가져간 꿈은 병이 나을 징조이다.
○ 도둑과 함께 같이 행동한 꿈은 재수가 있고 크게 기쁨을 만
  끽할 길몽이다.
○ 도둑이 집에 들어오는 꿈은 모든 불길한 일들이 멀리 사라
  진다고 한다.
○ 도둑에게 물건을 잃어버리는 꿈은 뜻밖에 횡재를 하거나 또
  는 의외의 연인을 얻어 귀여운 자녀를 얻기도 한다.
○ 도둑질을 하다가 자수하여 감방에 들어간 꿈은 대단히 좋지
  못하니 조심을 하라.

【도망】

무서워서 쫓기거나 도망하는 꿈은 대부분 사람을 보는 꿈이다. 그리
고 부모에게 반항하는 듯한 감정, 독립하려고 하는 의도, 욕정에 몸
을 바치려고 하는 기분의 표현이기도 하다.
○ 죄수가 감방을 탈주하는 꿈은 병이 나으며 기쁜일이 생기는
  길몽이다.

○ 사슴이나 토끼가 도망치는 꿈은 자기의 슬기로운 지혜로 재
물을 얻고, 사슴을 잡아 그 뿔을 취하게되면 뜻밖의 횡재를
한다.

○ 말이 도망치는 꿈은 백사가 모두 흉하게 변할 징조이니 각
별히 주의를 하고 매사에 소극적으로 순응해야 한다.

【도박】

도박은 **법률을 위반하는** 행위라 보통 사람은 하지를 못한다. 그래서
자신의 **비합법적인 마음의** 표현이기도 하다.

○ 꿈에 노름을 하여 돈을 따면 반드시 친한 사람으로 기인하
여 손해를 보거나 재물을 손실 당한다.

○ 꿈에 윷놀이를 하면 재물을 얻을 징조이다.

○ 대체로 꿈에 도박이나 기타 승부를 거는 것을 해 보이면 신
장이나 폐 등이 허약한 탓이니 부디 조심하고 복약을 하는
것이 좋다.

○ 화투장이나 트럼프에 나타난 그림과 숫자는 바로 현실의 어
떤 일과 연관성이 있음을 상징한다.

【도보(徒步)】

도보는 본인의 몸이나 마음의 **홍분상태를** 의미한다. 걷는 속도가 차
츰 빨라서 어느사이엔가 달리고 있는 꿈은 홍분의 고조를 그대로 뜻
하는 것이다. 다른 사람이 달리고 있는 속에서 자기만이 어슬렁 어
슬렁 걷는 꿈에서는 격정에 몸을 맡기기도 하는 뜻을 지니는데 이는
불안을 표현하는 것이다.

○ 곧고 넓은 길을 걸어 다니는 꿈은 기쁜일이 많고 가업이 번
창할 징조이다. 반대로 좁고 꾸불꾸불한 길을 걷는 것은 고
생이 많고 가세가 기울어지니 매사를 소극적으로 대응해야

한다.

○ 걸음을 쏜살같이 걷는 꿈은 운수가 열리는 징조이다. 반대로 걸음이 무겁고 피로한 것처럼 걷는 꿈은 병이 올 징조이니 각별히 조심을 해야한다.

○ 산이나 언덕길을 걸어 올라가는 꿈은 병이 쉬 쾌차하고 재앙이 없어짐을 표현하는 징조로 본다.

【돈】

돈은 일반적으로 애정을 의미한다. 그 다소와 유무에 따라 애정의 정도가 표현 된다. 무엇을 사려다 너무 비싸서 살수 없었던 꿈은 이성과의 관계가 좋지 못한 것에 대한 고민이나 불안을 뜻한다. 돈을 낭비하는 꿈은 음란한 성행위를 의미하고, 돈을 차례로 줍는 꿈은 애정에 굶주림을 의미한다. 반대로 돈을 떨어뜨리는 꿈은 애정의 낭비를 의미하고, 돈을 빌리는 꿈은 애정의 결핍상태와 갈망상태를 표현하기도 한다.

○ 가계에서 음식을 사먹고 돈을 지불하는 꿈은 다른 회사나 기관에서 돈의 액수만큼의 일을 하게 된다.

○ 돈을 받고 물건을 내어주는 꿈은 액수만큼의 재물 손실이 따른다.

○ 돈을 지불하고 물건을 사는 꿈은 돈 액수만큼의 시일을 노력해서 어떤 보상을 받는다.

○ 돈을 지불한 기억이 없으면서 물건을 샀으면 어떤 기관이나 회사에서 그 물건으로 상징되는 재물을 취득한다.

○ 계돈을 타는 꿈은 계약금, 복권, 보험이나 적금을 타는 일과 관계가 있다.

○ 돈궤를 집으로 들여오는 꿈은 경영하는 사업체에 좋은 방도가 생긴다.

○ 영수증을 써서 남에게 주는 꿈은 상대방에게 대리역을 맡기
  거나 소청할 일이 있게 된다.

○ 상품권을 받는 꿈은 입장권, 명함, 안내장 등을 얻게 된다.

○ 수표를 은행 창구에 넣는 꿈은 이력서나 청원서를 제출할
  일이 생긴다.

○ 복권을 사거나 얻는 꿈은 소개장 또는 상품권, 계약증서 등
  을 받는다.

○ 돈 대신 수표를 받는 꿈은 임명장 또는 계약문서 같은 것을
  받는다.

○ 길을 가다가 금화를 줍는 꿈은 돈이 생기거나 새로운 사업
  의 계획및 방도가 수립된다.

○ 길가에 뿌려진 지폐를 줍는 꿈은 연애편지나 펜팔로 누군가
  와 사귈수 있다.

○ 엽전 꾸러미를 얻는 꿈은 고서(古書)를 얻거나 고전연구에
  몰두한다.

○ 밭이나 길에서 새동전이나 금화를 줍는 꿈은 좋은 직책을
  얻게 된다.

○ 돈이 가득 채워진 가방을 습득하는 꿈은 엄청난 돈이 생기
  거나 집을 사는 수 있다.

○ 헌동전 몇 푼을 땅에서 주워 호주머니에 넣는 꿈은 다툴일
  이 생긴다.

○ 낡은 지폐 몇 장을 얻거나 길에서 줍는 꿈은 그 수효만큼의
  근심 걱정을 하게 될 일이 생긴다.

○ 남이 주는 지폐를 받았는데 편지나 문서로 변하는 꿈은 남
  의 강압적인 지시나 명령에 따를 일이 생긴다.

○ 금고가 열려있는 꿈은 돈의 수지계산이 활발하고 두뇌의 회
  전이 빨라진다.

○ 공중에서 많은 수표가 떨어져 그것을 줍는 꿈은 어떤 단체나 회사의 일에서 인원에 대한 모집광고를 보게 된다.

○ 공중에서 많은 지폐가 낙엽처럼 떨어져 쌓이는 꿈은 편지나 광고지 같은 것이 많이 온다.

○ 돈을 헤아리는데 갑자기 돈이 솔가지로 변하는 꿈은 사업자금을 의미한다.

○ 품삯을 달라는데 상대방이 주지 않는 꿈은 심리적 또는 신체적 고통이 따른다고 본다.

○ 돈을 조금 소유하는 꿈은 근심과 걱정이 생긴다.

○ 지폐의 매수는 몇 개월 또는 몇 가지의 일의 건수를 상징한다.

○ 천원이나 오천원권의 지폐는 일개월 또는 오개월의 단수를 상징할 수 있다.

【돗자리】

돗자리는 이불이나 침대의 대용으로 표현된다. 이는 졸립다, 이젠 그만 두고 싶다는 기분을 뜻한다. 돗자리를 깔고서 놀이를 하는 꿈은 애정의 교환이라든가 순진한 섹스에 대한 동경을 표현한다.

○ 담요나 이부자리 같은 것을 까는 꿈은 만사가 따뜻하고 평안해 진다는 표현이다.

○ 문발을 새로 장만하는 꿈은 어진 아내를 얻는다는 징조이다.

○ 침실에 깐 자리를 파괴하는 꿈은 관직을 잃고 실직할 우려가 있으니 조심해야 한다.

【돼지】

돼지는 집, 재산, 사업체, 집안식구, 명예 등을 상징한다.

○ 돼지 한 마리가 갑자기 여러마리로 변하는 꿈은 재물이 생기며 사업이 번창한다. 연구하는 직업을 가진 사람은 좋은

결실을 맺게 될 것이다.

○ 돼지 새끼를 쓰다듬는 꿈은 이것이 태몽이면 재복이 많은 자식을 낳겠지만, 그 자식으로 인해서 심적 고통을 겪는다고 한다.

○ 돼지고기를 먹는 꿈은 따분하고 답답한 일에 종사하게 된다.

○ 멧돼지를 잡는 꿈은 대학입학, 고시합격, 권리확보 등이 뜻대로 성사된다.

○ 돼지와 방에서 싸우다 돼지의 목을 누르는 꿈은 사업을 일으키거나 재물을 소유하며 경쟁, 소송 등의 시비가 생기나 승리를 한다.

○ 돼지 새끼를 사는 꿈은 적은 돈을 얻지만, 그 돈을 이용하여 큰 재물을 만들 수 있다.

○ 돼지고기를 상식 이상으로 많이 사는 꿈은, 뜻하지 않은 재물을 얻게 된다.

○ 돼지를 파는 꿈은 자기 소유의 물건을 잃어버리거나 남에게 일거리를 빼앗기게 된다.

○ 돼지머리를 삶아서 칼로 썰어 그 일부를 감추어 둔 꿈은, 사업상의 장부를 위조해 세금의 일부를 급한 곳에 활용하는 수 있다.

○ 멧돼지가 사람을 물려고 덤벼드는 것을 죽인 꿈은 힘들고 어려운 일이나 적의 침입을 막을 수 있다.

○ 돼지를 사다가 잡아서 파는 꿈은, 재물에 손실을 보거나 이권을 다른 사람에게 넘겨 주게 된다.

○ 돼지의 엉덩이를 칼로 찌르고 목을 쳐서 죽인 꿈은, 무슨일을 하는데 시작은 화려해도 결과는 신통치 못하다.

○ 돼지 새끼를 실어다가 집 마당에 풀어 놓은 꿈은 많은 상품이나 재물이 생기지만 실속은 별로 없다.

○ 돼지를 등에 지거나 몰고오는 꿈은 명예를 얻거나 돈이 생긴다.

○ 죽은 돼지를 어깨에 걸머지고 오는 꿈은 가정에 화근이 생긴다.

○ 사나운 돼지가 갑자기 방에서 사람으로 변하는 꿈은 상대하는 사람의 겉과 속이 다를 수 있다.

○ 여러마리의 돼지 새끼를 낳아 그 돼지가 자라서 우리안에 가득해 보이면 부동산이나 증권 등에 투자한 돈이 몇 배로 불어날 조짐이 있다.

○ 돼지가 우리밖으로 뛰쳐나가는데 이를 붙잡지 못한 꿈은 하는 일이 심하게 꼬이거나 물질적 손해를 본다.

○ 멧돼지 수십 마리가 한꺼번에 몰려오는 꿈은 직계가족이나 일가친척 중에서 자식을 낳는 사람이 있으며 또한 그 자식의 앞날은 밝고 희망적이다.

○ 황소만한 큰 돼지가 가는 곳마다 따라오는 꿈은 재벌의 도움을 받아 경제적으로는 풍요롭지만 심적 측면에서는 큰 부담을 느낀다.

○ 돼지가 옆에서 따라오는 꿈은 하는 일마다 실패를 모르며 남이 부러워할 정도로 순탄한 길을 걷게 된다.

○ 돼지를 실어다가 우리에 넣는 꿈은 뜻하지 않은 재물이 들어 온다.

○ 돼지머리를 제사상에 올려 놓는 꿈은 자신의 작품을 제3자에게 칭찬을 받거나 누구에겐가 물질적 보답을 받게 된다.

○ 가까운 친척중의 한사람이 돼지를 몰고오는 꿈은 직계가족 중의 한사람이 가까운 시일내에 돈을 가져온다.

○ 돼지우리에서 소변을 보는데 돼지 새끼들이 한꺼번에 몰려와서 받아먹는 꿈은 여러 작품을 유명인에 의해서 평가 받게

된다.

○ 돼지의 수효가 정비례한 꿈은 재물이 생기게 된다.

○ 돼지를 통체로 구워서 먹는 꿈은 논문 작품 등에 좋은 평가가 내려져서 많은 사람들로부터 축하를 받게 된다.

【땀(汗)】

땀을 닦아도 닦아도 끝없이 흘러 내린다. 이는 긴장상태, 흥분상태로 있는 것을 표현하고 있다. 땀을 닦는다고 하는 것은 자신의 흥분상태를 숨기려고 하는거와 동일시한다.

○ 몸에 땀이 흥건하게 많이 난 꿈은 좋지 못하니 매사에 조심을 해야한다.

○ 온몸에 피고름 같은 것이 흐르는 꿈은 길몽이라 재수가 있다.

【마시다】

일반적으로 차나 물을 마신다는 것은 술의 의미를 표현하고 있다.

○ 산골짜기에서 길어온 물을 마시면 길하고 반드시 부귀할 징
조이다.

○ 감주를 마시는 꿈은 친척이나 친구간에 다투고 구설이 계속
될 징조이다.

○ 꿀이나 엿을 먹는 꿈은 불길하며 매사가 뜻대로 안될 징조
이다.

○ 물을 많이 마시는 꿈은 재물을 얻고 길하다.

○ 꿈에 젖을 먹으면 길하고 식록이 늘어난다.

【마차】

마차를 타고있는 꿈은 경제적으로나 육체적으로나 남에게 자비를 베
푸는 남성에 대한 동경을 의미한다. 여성에게는 예를 들면 꽃가마를
타고 싶다는 원망의 표현이기도 하다. 말은 남성의 페니스를 상징하
며 강력한 충동, 과격한 표현을 뜻하고 있다. 차나 화물은 재산이나

부(富)를 뜻하는 동시에 교환을 상징한다. 예를 들면 마차가 튼튼하다든가 짐이 가득 실려 있다면 당신은 재산이나 돈에서 자신을 가지는 동시에 성적으로 아주 만족하고 있다는 것을 의미하는 것이다.

○ 마차를 타고 문으로 들어오는 꿈은 흉몽이니 매사에 주의를 해야 한다.

○ 마차에 말이 없거나 말머리가 없는 꿈은 부귀와 영화를 얻을 징조이다.

○ 역마차가 달려오는 꿈은 경사스런 일이 찾아온다.

【말】

말은 집안식구의 누구, 사회 단체, 사업체, 배우자, 협조자, 정당, 권세 등을 상징한다.

○ 말을 타는 꿈은 득세, 단체의 책임자, 사업방도, 결혼 등의 일과 연관이 있다.

○ 말을 타고 산야를 달리는 꿈은 사회 단체의 추대를 받아 득세하게 된다.

○ 말을 타고 대중앞을 지나는데, 우러러 보거나 머리를 숙이는 꿈은 집단이나 정치적인 권력으로 많은 사람을 지배한다.

○ 군대나 단체가 도열한 가운데를 말을 타고 지나가는 꿈은 어떤 일을 청원하게 되지만 잘 성사되지 않는다.

○ 용마와 같은 준마를 타고 날으는 꿈은 권세를 잡거나 출세하여 명성을 떨친다.

○ 백마를 타고서 공중을 날으는 꿈은 작품이나 학위, 업적 등으로 세상의 이목을 집중시킨다.

○ 백마가 공중을 나는 것을 보면 하는 사업이 융성해진다.

○ 목장의 많은 말을 본 꿈은 자기 권세의 확대, 학생이나 군대의 집단 등을 상징한다.

○ 말한테 물리는 꿈은 세력을 잡거나 공직에서 입신 양명하는 길몽이다.

○ 말의 팽창된 성기를 본 꿈은 가족중에 누가 자신에게 반격을 가한다.

○ 말이 춤추는 것을 본 꿈은 고용인이 주인에게 반역을 하거나, 어떤 사람이 자기를 공박하여 구타할 일이 생긴다.

○ 말에 안장을 얹는 것을 본 꿈은 여행 갈일이 생기게 된다.

○ 조상이 집으로 말을 타고 오는 꿈은 며느리, 종업원, 재물 등을 얻을 수 있다.

○ 달리던 말이 쓰러지는 꿈은 자기의 세력, 단체, 사업 등이 곤경에 처하게 된다.

○ 말에서 떨어지는 꿈은 배신, 세력과 신분 또는 직위의 몰락, 정책 수행의 실패, 남녀간의 배신 등을 초래한다.

○ 여자가 백마를 타고 날으는 것을 보면 자기 주변의 인물이 유명인이 되어 득세를 한다.

○ 처녀가 말을 타고가는 꿈은 결혼이 임박해 왔음을 뜻한다.

○ 말을 집으로 끌고 들어오는 꿈은 집안에 식구가 늘고 재물을 얻는다.

○ 말에 돈이나 짐을 싣는 꿈은 관직을 잃게되고, 말과 서로 싸우게 되면 하는 일이 뜻과 같이 잘 되지 않는다.

○ 말을 타고 천리를 달리는 꿈은 큰 기쁨이 찾아온다.

○ 말에게 물린 꿈은 관직을 얻게되고, 백마를 타게되면 사망할 징조라 한다.

【머리】

우두머리, 시초, 통제부, 정신부위 등을 상징한다.

○ 남에게 머리를 숙이는 꿈은 수긍의 뜻을 지니고, 남이 머리

를 숙인 것을 보면 자기의 주장이 관철된다.

○ 자신의 머리가 용, 사자, 범 등의 머리로 변하는 꿈은 고급 관리, 장성, 기타 단체의 우두머리가 된다는 징조이다.

○ 머리에 뿔이 나거나 혹이 생기는 꿈은 남의 우두머리나 두 드러진 특성을 지닌 사람으로서 남의 이목을 집중시킬 일거 리의 표현이다.

○ 어떤 경우에나 상대방의 뒤통수를 보게 되는 꿈은 자신의 지시대로 잘 복종해 줄 사람이 있다는 표현이다.

○ 상대방이 머리를 빗고 가는 것을 본 꿈은 남녀 노소간에 상 관없이 자기를 배척하거나 고통을 안져주는 좋지못한 사람이 생긴다.

○ 머리위의 천장이 무너져내리는 꿈은 상부층 또는 윗사람으 로부터 박해를 받거나 상부에 화란이 생긴다.

○ 자신의 머리 뒤쪽에 상대방이 다리를 뻗고 누워있는 꿈은 어떤 일에서 상대방이 승리한다.

○ 서로 머리를 맞대고 누워있는 꿈은 정신적인 일에 합의한다.

○ 동물의 머리가 두 개 이상 여러개가 한군데 붙어 있는 꿈은 이념, 권리, 특성 등이 한 단체에 두 가지 이상이 있음을 나 타내는 징조이다.

○ 잘려진 적장의 머리를 얻거나 볼 수 있는 꿈은 커다란 일의 성취로 말미암아 명예를 얻게 된다.

○ 머리에 두 개의 뿔이 나보이는 꿈은 타인과 다투는 일이 발 생한다.

○ 심한 두통을 앓아 보이는 꿈은 관직에 있는 사람은 승진을 하게되고 보통 사람의 경우에는 매사 하는 일들이 순조롭게 진행된다.

○ 사람의 머리나 동물의 머리가 쫓아오는 꿈은 정신적으로 해

결해야 할 문제 등을 처리하기가 어렵게 된다.

○ 머리털이 검어진 꿈은 부귀를 누릴 징조이고, 머리털이 백발이 되어 보이면 장수할 징조이다.

○ 머리털이 빠져보이는 꿈은 흉한 일이 많고, 머리를 깎는 것이 보이면 집안이 어지럽고 평안치 못하다.

【모임】

모임은 감정이 고조됨을 뜻한다. 꿈에서 많은 사람이 모여 있는 것을 보면 화내기도 하고 놀라기도 한다. 또한 많은 사람이 혼잡하게 걸으면 방해가 되어 정신적 동요를 초래한다는 뜻을 표현하는 것이다.

○ 참새떼가 모여있는 꿈을 보면 재물을 얻고, 참새떼가 집안에 날아들면 기쁜 경사가 있으며, 품안에 날아들면 딸을 얻을 징조라 한다.

○ 한 집안에 모여 제사를 지내는 꿈은 좋으며 집안이 평화롭다.

○ 소나 말, 양 같은 것이 떼를지어 모여 보이는 꿈은 부자가 될 징조이다.

○ 가족이 한방에 서로 모여 보이는 꿈은 친척간에 .다툴 일이 생긴다.

○ 부부가 한군데 모여 화합하는 듯이 보이면 이별하게 된다.

【모자】

모자에 관한 꿈은 모두 성적인 흥분을 상징하는 뜻을 지니고 성적표현을 한다.

○ 왕관을 쓰고있는 꿈은 최고의 명예 또는 권리가 주어진다.

○ 전투모를 쓰고있는 꿈은 자기 사업이 번창할 징조다.

○ 군인 옆에 군모가 여러개 벗어 놓여진 것을 본 꿈은 현역에

서 제대하고 예비역에 편입된다.

○ 모자를 벗어서 과일이나 돈, 물건 같은 것을 담는 꿈은 정신
적인 노력으로 기인한 이득을 얻게 된다.

○ 학사, 박사, 석사 등의 모자를 쓰는 꿈은 학문적 또는 어떠
한 공로로 연유하여 명예를 얻게 된다.

○ 낡고 해진 모자를 쓰고 있는 꿈은 사업이 무력해 부진하거
나 병을 앓게 된다.

【목】

목은 머리와 몸을 연결하여 초목의 줄기와 같이 남성기를 뜻한다.
그러니까 목에 무엇을 감는 꿈은 여성기의 확인을 표현하는 것이 되
어 성적 관심의 고조를 의미한다.

○ 자신의 목에 누군가가 목말을 탄 꿈은 남에게 심한 간섭을
받게 된다.

○ 어떤 물건이 목에 걸려 호흡이 곤란한 꿈은 누구에게 부탁
한 일이 잘 성사되지 않으며 받아쓴 뇌물 같은 것 때문에 말
썽이 생긴다.

○ 누군가의 목을 쳐서 죽인 꿈은 시험을 치면 수석으로 합격
하고 일을 벌이면 크게 성공할 수 있다.

○ 누군가의 목을 때린 꿈은 부정을 저지른 사람에게 죄상을
추궁하게 된다.

○ 목 하나에 머리가 세개 달린 꿈은 장차 출세 영달할 길몽이다.

○ 목이 갑자기 길어지는 꿈은 운수가 좋아지는 징조이며, 목이
줄어드는 꿈은 운이 쇠약해 진다는 징조이다.

○ 목이 송곳 같은 것에 찔린 꿈은 편도선과 관련된 병으로 한
동안 고생을 하게 된다.

○ 목구멍의 가래를 뱉아내는 꿈은 막혔던 일이 술술 풀리고

원했던 것을 이룰 수 있다.

○ 목에 낀 때를 깨끗이 씻는 꿈은 혼자서 뒤집어 썼던 누명을 벗어나게 된다. 누구에겐가 목을 졸리는 꿈은 경영하는 사업이 누군가의 방해를 받아 중단되거나 심한 어려움을 겪게 된다.

○ 자신이 남의 목에 목말을 타는 꿈은 여러사람의 추대를 받아 높은 지위에 오르게 된다.

○ 목이 졸리는 꿈은 재난이 장차 닥친다는 표현이고, 어깨가 살찌고 커보이면 운수가 좋아진다.

【목욕】

목욕은 누구에게 의심받지 않고 스스로를 즐기고 싶다는 원망의 표현이다. 더러워진 것을 씻는 것이 강조된 꿈은 성격상의 결점, 육체적인 결함이나 고민 같은 것을 제거하고 싶다는 원망의 표현으로 본다.

○ 손을 씻고 발을 씻는 꿈은 병이 회복된다는 표현이다.

○ 배를 씻는 꿈은 백 가지의 나쁜일이 사라진다.

○ 사람이 목욕하는 것을 보게 되면 질병이 없어진다.

○ 사나이와 여자 아이가 목욕을 하고 상에 오르는 꿈은 대흉몽으로 친다.

○ 흙탕물에 목욕을 하는 꿈은 질병이 생긴다.

○ 입을 씻거나 발만 씻는 꿈은 관직에서 물러날 징조로 본다. 단, 배를 씻으면 백 가지 재앙이 모두 사라진다.

【문(門)】

문은 일반적으로 여성을 상징한다.

○ 문을 열고 안으로 들어가는 꿈은 본격적으로 사업에 착수를 하거나 관여하게 된다.

○ 닫혀진 문을 열고 안을 들여다 보는 꿈은 어떤기관이나 또는 단체등에 청원이나 청탁할 일들이 생긴다.

○ 문이 열려 있는 꿈은 개방, 공개 또는 전시나 광고 등을 해야될 일임을 뜻하는 것이다.

○ 문이 커보이거나 높이 보이는 꿈은 큰 부자가 될 수이나, 문짝이 부서져 보이면 흉하니 만사에 조심하라

○ 문을 새로 해 다는 꿈은 귀자를 낳을 태몽이다.

○ 큰 불이 문을 태워버리는 꿈은 흉몽이라 간혹 패가망신 하는 일이 있다.

【물(水)】

물은 어머니의 태내와 같은 평화로움을 뜻한다. 특히 강이나 연못, 호수의 속으로 빨려 들어간다든가 큰 항아리 속으로 떨어져 들어가는 꿈은 어느것이나 안전으로 충만된 조용한 세계에 대한 동경을 의미한다. 또 그밖의 액체 상태의 물체와 같이 정액을 뜻하는 일도 있다. 이 경우는 물에 젖는다든가 물을 흡수하는 모양으로 등장 되기도 한다.

○ 물위에 자기 몸이 비치면 남자는 흉하고 여자는 임신을 하게된다.

○ 흘러가는 물이 맑아 보이면 남의 우두머리가 될 징조이다.

○ 물이 줄줄 흘러가는 꿈은 대길하고 운수가 대통한다.

○ 물속에 남녀가 들어가는 꿈은 만사가 형통한다.

○ 초봄에 물 긷는 꿈을 보면 그 해 안에 큰집을 사고 부인의 손으로 재물을 얻게된다.

○ 물위를 달리는 꿈은 운수가 대통하나, 물위에 앉아 있거나 서있으면 불길하고 믿는 사람이 죽는 수가 있다.

○ 바닷물이나 시냇물이 마른 꿈은 친구를 조심해야 한다.

○ 물에 빠진 꿈은, 나오면 좋고 못 나오면 불길하다.
○ 사람이 사는 집에 큰물이 들어와 보이면 자녀에게 해로움이
  있다고 한다.

【물고기】

물고기는 사람과 동일시하고 재물, 돈, 일거리, 사건, 경위, 권리 등
을 상징한다.
○ 낚시를 해서 물고기를 잡는 꿈은 지혜나 계략으로 돈을 벌
  수 있다.
○ 웅덩이의 물을 퍼내고 물고기를 잡는 꿈은 물을 퍼낸 횟수
  만큼 여러번 재물을 얻는다.
○ 그물을 던져서 고기를 잡는 꿈은 많은 재물을 얻게된다.
○ 어항이 깨지거나 물이 마른 것을 본 꿈은 결혼생활, 사업 등
  이 깨지거나 기대하던 일들이 안개처럼 사라진다.
○ 낚시를 하여 싱싱한 물고기를 잡아 올리는 꿈은 목표를 설
  정한 사업계획이 순탄하게 잘 이루어진다.
○ 바닷가에서 많은 방게들이 들락거리는 것을 본 꿈은 상품의
  소비시장을 널리 확보한다.
○ 논에서 게를 잡는 꿈은 잡은 수효만큼의 돈이 생긴다.
○ 조개에서 진주가 나오는 꿈은 진리를 얻거나 보물 등을 얻
  게된다.
○ 공중에서 떨어지는 조개를 받아서 삼키는 꿈은 공적인 재물
  또는 작품 같은 것을 얻는다.
○ 마른 물고기를 사오는 꿈은 재물, 작품, 일거리 등과 연관이
  있다.
○ 생선 장수로부터 물고기를 사는 꿈은 임금, 수수료, 융자, 기
  타 노력의 대가를 받는다.

○ 맑은 냇물이나 강가에서 많은 물고기 떼를 발견하는 꿈은 인적 자원을 양성할 일과 연관이 있다.

○ 흙탕물 속에서 물고기를 잡는 꿈은 부정한 방법으로 재물을 모은다.

○ 논 한가운데의 웅덩이에서 물고기를 많이 잡는 꿈은 돈줄이 튼튼하고 넉넉함을 의미한다.

○ 저수지나 웅덩이에서 고기를 몽땅 잡는 꿈은 일시에 많은 재물을 얻게됨을 암시한다.

○ 물고기를 잡기위해서 준비만 하는 꿈은 계획은 화려하게 세우지만 결과는 그리 신통하지가 못하다.

○ 개천이나 논 바닥에서 손으로 더듬어 물고기를 잡는 꿈은 잡은 수효만큼의 재물을 얻는다.

○ 형형색색의 물고기를 치마로 받는 꿈은 인기인이 되어 사회적으로 유명한 사람이 될 태몽이다.

○ 물고기가 지하실의 홀이나 또는 방안에서 노는 것을 본 꿈은 의식주가 풍성한 사람 또는 지도자가 될 사람의 태몽이다.

○ 큰 물고기들이 죽어 연못에 둥둥 떠있는 것을 본 꿈은 전쟁, 재산, 유행병 등으로 많은 인명이 상한다.

○ 금붕어는 인기인, 인기상품, 행복 등을 상징한다.

○ 어항속의 금붕어를 관찰하는 꿈은 예술작품으로 성공하거나 많은 여직원을 거느리는 기업인이 된다.

○ 잉어는 재주가 많고 처세를 잘하는 사람, 예술작품, 재물, 명예, 인기, 직업, 출세 승진 등을 상징한다.

○ 잉어를 잡아다가 물이 담긴 그릇에 넣는 꿈은 문학 작품으로 명예를 얻게 된다.

○ 연못이나 우물에 잉어를 넣는 꿈은 크게 출세하거나 관직에 나아간다.

○ 생선 장수가 큰 생선을 토막내서 주는 꿈은 사업자금을 나누어 받거나 여러 방도로 돈을 취득한다.

○ 폭포위로 커다란 잉어가 뛰어오르는 것을 본 꿈은 사업가는 사업에 크게 성공하여 세상을 놀라게 한다.

○ 마른 개울이나 산에서 조개를 주으면 재물 또는 학술재료를 수집한다.

※ 조개는 재물, 일거리, 집, 여성, 사업체 등을 상징한다.

○ 바위 속이나 구멍 같은데서 물고기를 잡았으나 동강나는 꿈은 일거리가 제3자에 의해서 저지를 당한다.

○ 크고 작은 물고기를 선별하는 꿈은 재물의 분배를 의미한다.

○ 새끼를 낳고 있는 물고기를 관찰하는 꿈은 소원의 성취, 재물의 증가 등을 의미한다.

○ 배의 갑판으로 물고기가 뛰어 오르는 꿈은 횡재할 일이 있거나 인재를 만난다.

○ 누가 게 한보따리를 방으로 들여오는 꿈은 선전 광고물을 어떤 사람이 가져올 일과 관계가 있다.

○ 물고기가 뱃속으로 들어가는 꿈은 입학, 취직 등이 이루어지며 또한 집을 마련할 수도 있다.

○ 미끄러운 뱀장어 같은 물고기를 잡는 꿈은 시험에 합격한다.

○ 자기가 물고기가 되어 물속을 헤엄쳐 다니는 꿈은 면학, 연구, 출세 그리고 탐험이나 진상조사 등에 나선다.

○ 조개에게 발가락을 물리는 꿈은 청탁한 일들이 이루어지는 길몽이다.

○ 잉어가 뛰는 꿈은 입신출세하고 아내가 귀자를 임신하는 태몽이다. 그러나 물고기가 물위에 날으면 만사가 산란하고 제대로 되는것이 없다.

○ 물고기를 잡는 꿈은 관직이 옮겨지고, 요리를 해서 먹으면

귀인의 도움을 받게된다.
○ 물고기를 풀어준 꿈은 백 가지 일에 운이 열린다.
○ 자기 몸에서 물고기나 벌레가 나오는 꿈은 환자의 병이 쾌차할 징조이다.
○ 새우가 물고기로 변해 보이는 꿈은 재물을 잃거나 물건을 잃는다. 두꺼비가 물고기로 변해도 마찬가지이다.

【미끄러지다】

미끄러지다. 이는 금지된 욕망을 만족하는데 좋은 기회의 꿈이라 말할 수 있다. 미끄러져 넘어졌어도 더러워지지 않은 꿈은 성적 행위를 하면서도 사회적으로 비난을 받지 않고서 살아간다는 것이 된다. 이렇게 되면 충분하게 욕망을 채울 수 있다.
○ 진흙탕에 미끄러져 옷을 더럽히는 꿈은 출산에 지장이 있으며, 진흙에 옷소매를 더럽히면 몸에 욕이 있을 징조라 본다.
○ 진흙으로 몸이 더러워지는 꿈은 구설수가 있고 몸이 불편해진다.

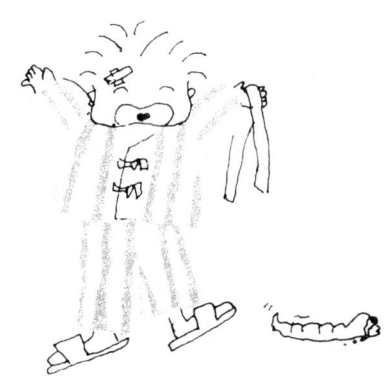

【방향(方向)】

꿈속에서의 방향은 현재 거처하는 장소와는 다르다.

○ 넓은 들판을 바라보고 있을때 전방이 북쪽이라고 생각되는 꿈은 현재 거처하는 곳에서 북쪽과 연관된 일을 암시한다.

○ 서쪽에서 동쪽으로 새가 날아가는 것을 본 꿈은 일의 시발점을 예시함과 같다고 본다.

○ 고향의 집 남쪽에서 일어나는 꿈은 현재 거주하고 있는 집의 남쪽에서 일어나는 일과 관계가 있다.

○ 사거리에서 방향감각을 잃어버리는 꿈은 어떤일이 기로에 서있음을 암시한다.

○ 동쪽에서 일어나는 꿈의 사건은 출생지의 동쪽에서 일어나는 일과 연관이 있다.

○ 상대방이 정면에서 걸어오는 꿈은 상대방과 의견의 대립 또는 일의 방해 등 관계가 있다고 본다.

○ 좌측은 무의미한 때에 방향 제시, 불법, 무정, 죄의식 등의 일들을 상징한다.

119

【배(船)】

배는 일반적으로 한 가정을 표현한다. 배는 가정외에 학교같은 것으로도 표현되지만, 배로써 표현될 때는 고충이나 애로가 많은 상태를 의미한다. 풍랑으로 배가 시달림을 받거나 뒤집히는 꿈은 정상적인 생각을 할 수 없는 상태를 표현한다.

○ 배안에서 불이 난 꿈은 사업이나 가정 형편이 점차적으로 호전될 징조이다.

○ 갯벌에 엎어진 배를 바로 세워서 하천을 저어나간 꿈은 포기했던 일들을 새로운 각오로 다시 시작하게 된다.

○ 아무도 없는 배를 혼자 타고 떠 내려간 꿈은 어떤 일을 수습하지 못하고 병원에 갈 일이 생기게 된다.

○ 배가 뒤집혀서 공중으로 날으는 꿈은 어떤 단체에서 동맹파업을 일으키거나 시위를 하게된다.

○ 여성과 배 위에서 만족한 성교를 한 꿈은, 물고기를 배안에 가득하게 잡거나 아니면 어떤 회사와 유리한 계약을 맺게 된다.

○ 함포사격을 가하여 어떤 적함을 침몰시킨 꿈은 어떠한 난관에 이르러도 자신있게 주어진 일을 잘 극복해 나간다.

○ 순풍에 돛을 달고 잘 나가는 꿈은 어떠한 어려움이 있어도 순조롭게 잘 풀리게 된다.

○ 많은 사람이 기선에서 내린 꿈은 동등한 위치에 있는 사람이 취직을 하거나 집회장소에서 퇴장하는 것을 보게 된다.

○ 배안으로 물고가가 뛰어든 꿈은 사람의 목숨을 구하거나 재물이 생기게 된다.

○ 배를 타고 강가에서 물고기를 많이 잡은 꿈은 어떤 잡지에 작품을 연재하여 후한 원고료를 받게된다.

○ 작은 배에서 큰 배로 옮겨가는 꿈은 사람을 기다리게 되거

나 병상에 눕게 된다.

○ 부두에서 아는 사람을 전송한 꿈은 출세를 하거나 작품을 선전할 일이 생긴다.

○ 항구의 술집에서 술을 마신 선원의 꿈은 남에게 꾸지람을 듣거나 사기 당할 일이 생긴다.

○ 뱃길의 물이 말라버린 꿈은 하고 있는 일을 도중에 포기하게 된다.

○ 기선이 고동을 울리면서 항구를 떠나가는 꿈은 어떤 새로운 일을 계획하게 된다.

○ 고동을 울리면서 항구로 들어오는 기선을 본 꿈은 어떤 일의 성사를 위하여 새로운 아이디어를 개발한다.

○ 짐을 가득 실은 화물선이 부두에 닿는 꿈은 뜻밖의 사업 자금이 생겨서 이득을 얻게 된다.

○ 갑판이나 선장실에서 회의를 하는 것을 보면 새로운 단체를 조직하거나 어떤 세미나에 참석하게 된다.

○ 자신이 함장이 되어 적함을 공격한 꿈은 경쟁 회사나 정당 등에 어떤 제재를 가하게 된다.

○ 뱃머리에 깃발이 꽂히고 자기 혼자만 탄 꿈은 가까운 시일 안에 불행한 일이 있게 된다.

○ 배를 저어서 가는 꿈은 주어진 임무를 어려움 없이 잘 수행하게 된다.

○ 배에서 목재를 내려 쌓는 꿈은 남을 통해서 많은 재물을 얻게 된다.

○ 배가 수평선 너머로 사라지는 꿈은 자기가 시작한 일의 성과를 기다리고 있거나 외국에 갈 일을 상징하기도 한다.

○ 배안에서 음식을 먹는 꿈은 다른 사람이 부탁한 일을 책임 있게 해결해준다.

○ 접대부를 손으로 더듬는 선원의 꿈은 배의 기관이 고장나거나 사소한 일로 다투게 된다.

○ 배안에 물이 흥건히 고여있는 꿈은 경영하는 사업이 점차로 성과를 보이기 시작하는 징조로 본다.

○ 자기가 탄 배가 하늘을 날아 다니는 꿈은 크게 부귀를 누릴 수이다.

○ 배를 타고 강을 건너는 꿈은 관직을 얻거나 좋은 스승을 만난다. 배를 타고 해와 달을 봐도 관직을 얻는다.

○ 배를 타고 술을 마시는 꿈은 멀리서 친구가 온다.

○ 배가 바다 한 가운데 떠있는 꿈은 남녀가 아직 마음이 들떠 있는 것이므로 먼저 마음을 진정하면 행운이 찾아온다.

○ 가족이 모두 같이 배를 타는 꿈은 재물을 상실할까 두려우니 조심을 하라.

【배(腹)】

배는 일의 결과, 완결, 창고, 저장소, 빈부, 창의성, 욕구충족 등의 일을 각각 상징한다.

○ 배를 가르고 내장을 끄집어내는 꿈은 제품의 내용물 또는 주요부분 등을 분리, 정리하는 일을 감독하게 된다.

○ 상대방 친구의 배가 갑자기 불러 보이는 꿈은 부유해 지거나 어떤 아이디어 또는 생산적인 일을 가지고 있음을 의미한다.

○ 배가 고프다고 느껴지는 꿈은 일이나 직책에 대한 불만이 있고 부족함이 따른다.

○ 배가 부르다고 느껴지면 과분한 일, 벅찬 일 등으로 주어진 책임을 감당하기 어렵게 된다.

○ 상대방의 배를 터트려 죽이는 꿈은 어떤 사업에 마지막 결

단을 내려 성사시키고 세상에 공개할 일이 있음을 암시한다.

【뱀】

뱀은 일반적으로 남성을 상징한다. 또한 엄격한 동시에 자신을 보호해 주는 부모를 뜻하고 있다.

○ 뱀이 자신의 몸을 감는 꿈은 돈이 들어오는 곳이 생기며 타인으로부터 추앙을 받는 일이 있다. 그러나 감고 있던 뱀이 풀려서 사라지면 재산을 잃을 암시이며 불길하다.

○ 구렁이가 자신을 문 꿈은 제3자에게 도움을 많이 받는다.

○ 도마뱀이 나타나는 꿈은 현실에서 자신을 미워하고 있는 사람이 있다는 것을 표현한다. 연인이나 친구에게 새로운 사람이 나타나거나, 자신의 일을 시기하는 사람이 본격적으로 시비를 걸거나 방해를 놓는다.

○ 백사(흰뱀)가 나타나는 꿈은 멀지않아 부귀 영화를 누리게 될 징조이다. 생각지도 않은 곳에서 많은 재산이 들어오게 되고 어디에서든 앞자리에 서게 된다. 백사가 끝까지 따라오는 꿈은 가정적으로나 사회적으로 성공하게 된다.

○ 뱀이 사람을 무는 꿈은 대체로 운수가 따르고 멀지않아 재산을 모을 징조이고 귀인의 도움으로 출세의 문이 열린다. 다만, 뱀에게 물려서 사람이 죽는것은 매우 불길한 징조로 본다. (특히 이러한 꿈을 꾸었을 때에는 매사에 조심해야 한다)

○ 뱀이 둥글게 또아리를 틀고 있거나 기고 있는 꿈은 윗사람에게 신임을 잃을 일이 있거나 남에게 미움을 받는 일이 있다. 또한 질병을 얻어서 고통을 당할 징조이기도 하다.

○ 뱀이 사람을 따라다니고 있는 꿈은 사랑하는 사람이나 아내와 이별하는 일이 생긴다.

○ 이무기가 칼 찬 사람을 에워싸는 꿈은 이름을 날릴 징조로

서 경영하는 일이 뜻대로 추진된다. 특히, 활을 쏘아 뱀을 맞추는 꿈은 운수가 대통하고 재수가 있다.

○ 집안으로 뱀이 들어오는 꿈은 귀한 손님을 맞이하거나 기쁜 소식이 온다. 그리고 재물도 모으고 경사가 생기는 길몽이다.

○ 독사를 죽이는 꿈은 경쟁자를 물리치고 승리를 한다. 적극적으로 나서면 모든일이 의외로 쉽게 풀어진다.

○ 큰 구렁이 주위에 뱀들이 우굴거리는 꿈은 권세를 잡거나 사회단체의 주도권을 쥐게 된다.

○ 구렁이를 구워서 토막내어 먹는 꿈은 출판된 서적을 읽고 많은 지식을 얻는다.

○ 수많은 뱀을 연못속에서 들여다 본 꿈은 유물, 골동품, 금은 보화 등을 얻게 된다.

○ 뱀과 성교한 꿈은 계약을 하거나 다른 사람과 같이 동업을 하게된다.

○ 집안으로 뱀이 들어온 꿈은 집안 식구가 늘어나거나 아니면 사업상 일이 생기게 된다.

○ 뱀을 토막내어 먹는 꿈은 자기가 모르는 것을 제3자를 통해서 알게된다.

○ 뱀이 나무의 줄기처럼 길게 늘어져 있는 꿈은 남의 잔꾀에 넘어가기가 쉽다.

○ 큰 구렁이를 죽여 피가 난 꿈은 장애물을 제거하여 뜻과 같이 하는일이 성사된다.

○ 쫓아오던 뱀이 사람으로 탈바꿈한 꿈은, 하고 싶지 않은 일을 회피하려고 하지만 어쩔 수 없이 일을 해주게 된다.

○ 푸른 구렁이가 숲속에 길게 늘어져 있는 꿈은 이것이 태몽이라면 남에게 선망의 대상이 되는 현명한 자손을 얻는다.

○ 온몸을 감은 뱀이 혓바닥을 날름거리고 있는 꿈은 약한 사

람이 자기에게 피해를 준다.

○ 수많은 뱀이 길바닥에서 우글거리는 꿈은 이것이 태몽이라면 남을 가르치는 직업을 가질 자손이 출생한다.

○ 축 늘어져 있는 황색 구렁이가 사라져 버린 꿈은 누군가가 나타나 자신에게 도움은 없이 기분만 불쾌하게 만든다.

○ 새빨간 뱀이 치마속으로 들어온 꿈은 이것이 태몽이라면 건강하고 정열적인 아이를 얻는다.

○ 구렁이가 전신을 감는 꿈은 여러 계층의 많은 사람들과 만나게 된다.

○ 뱀이 자신을 물고 사라진 꿈은 순간적으로 마음의 상처를 받고 남을 통해서 재물이 생긴다.

○ 많은 황구렁이가 늘어서 있는 꿈은 이것이 태몽이라면 정치가, 사업가, 권력자 등이 될 훌륭한 자손을 얻는다.

○ 뱀의 몸속에서 이빨을 치료하는 약을 구한 꿈은 뜻밖에 생활에 필요한 필수품이 생기게 된다.

○ 많은 뱀이 문구멍 사이로 들어온 꿈은 여러 계층의 사람과 접하게 되고, 자신의 신변에 관한 이야기를 타인에 의해 듣게 된다.

○ 자기 발을 문 뱀을 그 자리에서 밟아 죽인 꿈은 이것이 태몽이라면 자손에게 나쁜 영향이 미친다.

○ 큰 구렁이와 관련된 꿈은 이것이 태몽이라면 진취적이고 재주가 뛰어난 자손을 얻을 것이다.

○ 구렁이가 허물을 벗고 사라진 꿈은 자신의 잘못을 뉘우치고 새로운 사람이 된다.

○ 큰 구렁이가 용마루로 들어간 꿈은 이것이 태몽이라면 공공단체의 주도권을 장악하는 능력이 탁월한 자손을 얻는다.

○ 뱀의 머리가 여러개인 것이 물속에서 노는 것을 본 꿈은 교

양있는 책을 읽거나 귀중한 물건을 보게 된다.

○ 전신을 감고 있는 뱀을 죽인 꿈은 어려웠던 일들이 순탄하게 풀리게 된다.

○ 큰 구렁이가 작은 구멍속으로 들어간 꿈은 가정에 좋지 못한 일이 생긴다.

○ 뱀이 온몸을 감고 턱밑에서 노려보는 꿈은 가까운 사람으로 기인하여 구속 받거나 사소한 말다툼으로 신경을 쓰게 된다.

○ 치마로 싼 구렁이를 때려 잡는 꿈은 가정에 화근이 생긴다.

○ 온몸에 구렁이가 감겨 있는데 호랑이가 바위로 쳐서 토막을 내는 꿈은 어떤 세력을 꺾거나 협조자와 더불어 일을 성사시킨다.

○ 뱀에게 물려 독이 몸에 퍼진 꿈은 자신을 남에게 과시하거나 재물이 생긴다.

○ 산정상에서 구렁이가 몸전체를 아래로 늘어뜨린 꿈은 이것이 태몽이라면 공공 기관 단체에서 두령이 되는 자손을 얻는다.

○ 큰 구렁이에게 물린 꿈은 이것이 태몽이라면 큰 사업을 성취할 자손을 얻는다.

○ 뱀이 구멍에서 머리만 내밀고 혓바닥만 날름거리는 꿈은 관형(官刑)의 액을 당하는 수가 있다.

○ 뱀이 사람을 물거나 몸을 감는 꿈은 대길하여 큰 재물이 생기거나 또는 귀하게 된다.

【변기(便器)】

변기는 더러운 것과 은밀한 것이라는 두 가지의 의미에서 여자의 성기를 뜻하기도 한다.

○ 똥의 꿈은 대개 좋으나 밟던지 빛깔이 검으면 흉하다고 본다.

○ 대소변이 몸을 더럽히면 재물을 얻는 길몽이다.

○ 변소에 빠져 나오지 못하면 흉몽이다. 각별한 조심이 요망된다.

【별(星)】

별은 희망, 권리, 진리, 작품, 명예, 업적, 기업, 기관, 권세, 지도자, 친구, 성직자 등을 상징한다.

○ 밤하늘에 유난히 많은 별이 요란하게 빛난 꿈은 하는 일마다 만사 형통하며 많은 사람들로부터 인정을 받게된다.

○ 하늘에서 무수한 별이 쏟아져 땅에 쌓인 꿈은 연구 자료를 수집할 일이 생기거나 창작품을 발표하게 된다.

○ 자신이 별 네개를 단 대장이 된 꿈은 사회적으로 적어도 네 가지 이상의 공로를 세워서 각종단체의 수장으로 추대된다.

○ 동쪽 하늘에서 밝은 별이 반짝이다가 사라지고 그곳으로 어떤 비행물체가 지나가는 것을 보면, 거의 비슷한 일을 겪고 난 다음 좋은 일을 얻게 된다.

○ 수많은 별속에서 유난히 빛나는 별을 본 꿈은 어떤 단체에서 최고 높은 자리에 앉게 되거나 자기 작품에 대해 좋은 평가를 받게 된다.

○ 고정되어 있던 별 몇 개가 갑자기 날아다니는 꿈은 동반자에게 바람 피울 일이 생긴다.

○ 별이 낙엽처럼 떨어지는 꿈은 사업상 손해를 입을 일이 생기거나 개혁을 단행할 일이 생긴다.

○ 하늘의 은하수를 건너는 꿈은 모든일이 뜻대로 성사된다.

○ 별이 떨어지면서 사방으로 흩어지는 꿈은 매우 불길하다. 그러나 별이 흘러도 떨어지지 않으면 관직이 옮겨지거나 혹은 이사할 일이 생긴다.

○ 북두칠성 아래에 서는 꿈은 출세할 징조이나, 북두칠성이 흐려보이면 근심할 일이 생긴다.

【보석】

보석은 귀중한 것으로서 함부로 남에게 보일 수 없는것, 그러나 웬일인지 보이고 싶게 되는 뜻을 표현하여 처녀성을 상징한다. 특히 남성이 보석의 꿈을 보는 것은 자신에게 없는 여성적인 아름다움이나 성격에 대한 동경으로 본다.

○ 처녀가 중히 여기는 보석을 잃은 꿈은 처녀성을 잃거나 명예 또는 신앙심을 잃는다.

○ 처녀가 금반지를 받는 꿈은 결혼, 계약 등이 이루어진다.

○ 보석이 변색되고 상해를 받거나 분실되는 꿈은 애정, 신분, 명예, 권리 등에 손상 또는 잃어버릴 일과 연관이 있다.

○ 새로운 손목시계를 사서 차는 꿈은 입학, 취직 등이 이루어진다.

○ 공무원의 꿈에 금단추, 금장식 등을 옷에 새로 다는 꿈은 직장에서 직책이나 지위가 승진된다.

○ 금시계를 손목에 차는 꿈은 좋은 배우자, 자손, 직장, 입학, 권리 등에 행운이 따른다.

○ 금실로 수놓아진 옷을 선사받는 꿈은 좋은 혼처가 나오거나 훌륭한 작품 또는 서적을 얻는다.

○ 옷에 금줄이 달리거나 금장식을 한 옷을 입는 꿈은 고귀한 사람과 인연을 맺어 신분이 높아진다.

○ 모르는 사람이 자기의 보석을 들여다 보거나 탐내는 꿈은 자기의 비밀, 아이디어 기타 소중한 것을 잃거나 유린을 당한다.

○ 광산을 찾아 가거나 광맥을 탐색하는 꿈은 학원, 연구기관, 회사, 상회 등에 갈 일이 생기거나 일의 성과를 달성하기 위해 노력을 경주한다.

○ 황금을 많이 얻는 꿈은 많은 재물이 생기는 길몽이다.

○ 어떤 광석을 채굴해내는 꿈은 문학을 하는 사람이면 새로운 소재를 얻어 작품을 쓰게된다.

○ 보물상자를 얻는 꿈은 학자는 희귀한 진리의 학설을 정립할 수 있고, 상인은 치부하며, 일반인은 권리, 명예 등을 얻을 일과 연관된다.

※ 황금불상은 위인의 사진, 전기, 서적, 교리 등을 상징한다.

○ 금, 은, 보배 등을 취급하는 꿈은 크게 부귀하고 번창할 징조이다.

○ 입으로 보석을 토하는 꿈은 큰 은혜를 입는다고 한다.

○ 보물찾기에서 보물을 찾지 못하는 꿈은 취직, 진급, 시험, 당선 등에서 탈락한다.

○ 금시계를 얻어 차는 꿈은 좋은 배우자나 직장 같은 것을 얻는다.

○ 구리반지가 보석반지로 변하는 꿈은 보통 사람의 신분, 직위, 업체 등이 고급으로 변화하게 된다.

○ 보석가게를 찾아다니며 들여다보는 꿈은 혼처, 취직, 사업장 등을 물색하는 일이 있게된다.

○ 은장도를 누가 줘서 받은 처녀의 꿈은 훌륭한 배우자를 만난다.

○ 광석을 운반하거나 쌓는 꿈은 정신적 또는 물질적 재산을 얻을 길몽이다.

○ 구덩이를 파서 많은 구슬이 나온 꿈은 사전 같은 책에서 많은 학설이나 또는 설명을 인용한 별도의 책을 편집한다.

○ 텅비어 있는 반지 상자를 받는 꿈은 어떤 사람의 감언이설에 넘어가게 된다.

○ 광산에서 화차가 차머리를 밖으로 향해 놓여있는 꿈은 수출, 건설 등이 본격화 된다.

○ 쌍가락지를 얻는 꿈은 많은 작품, 많은 사업에 성과를 이룩
한다.

○ 백금반지와 연관된 꿈은 둘째아기 또는 두 번째의 지위에
놓이거나 두 가지 업종에 종사하게 된다.

○ 금두꺼비, 금송아지 등을 얻는 꿈은 부귀 공명할 자손을 두
거나 복권에 당첨할 수 있다.

○ 금으로 만든 도장 다섯째를 얻은 부인의 꿈은 남편과 자식
이 모두 관료가 될 것을 예시한 길몽이다.

【부상(負傷)】

부상은 교통사고라든가 무엇인가에 의해서 상처를 입는 꿈인데 이는
도덕적 양심이 위기에 임박하고 있는 것을 뜻하고 있다. 부상당한
것이 자신이거나 형제, 연인 등 그 밖의 사람이라도 뜻하는 의미는
똑같다. 이는 현실에서 무엇인가 양심에 부끄러울 만한 일을 상징적
으로 표현하는 것이다.

○ 수족에 상처를 입는 꿈은 이별 할 수를 예시함이다.

○ 귀가 잘라지던가 부상을 입으면 친인척간에 불화가 있을 징
조이며 신임하던 사람에게는 배신을 당하게 된다.

○ 먼곳이 잘 보이지 않은 꿈은 실망할 일이 있을 징조이다. 칼
이나 도끼에 저절로 다치는 꿈도 나쁘다.

○ 남에게 실컷 얻어 맞는 꿈은 힘이 생기고 심장이 강해질 징
조이다.

○ 남이 성을 내어 나에게 상처를 입히는 꿈은 대단한 재수가
있을 수다.

○ 다리가 상한 꿈은 사업이 번창한다. 그러나 손가락이 꺾인
꿈은 자손에게 해롭다.

○ 코피가 나오는 꿈은 재수가 있으나, 눈이 머는 꿈은 자손에

게 나쁘며 눈이 짓무르면 손재수가 있다.

○ 귀가 부상을 입는 꿈은 신임하는 사람에게 배신당할 징조이며, 귀뿌리가 끊기면 친인척간에 불화할 징조로 본다.

○ 꿈에 팔이 부러지면 정치가는 실각을 하고, 평인은 근친에게 병이나며 부인이라면 남편과 헤어져 산다.

○ 손가락이 절단되는 꿈은 친구를 잃을 징조이고 무릎의 부상은 영업이 부진할 징조이다.

【불(火)】

불은 대체로 과격한 감정을 뜻한다. 타인이 불에 타죽게 되는 꿈은 자신이 타인에 대한 질투심을 뜻하는 것이다.

○ 난로에 불이 잘 붙는 꿈은 사업이 잘 운영되거나 소원이 충족된다.

○ 잔디에 불이 붙어 번져나간 꿈은 자기가 소원한 일이 뜻대로 이루어진다.

○ 전기공사를 잘못하여 합선된 것이 폭음과 함께 큰 불이 난 것을 보면 경영하고 있는 일이 크게 성취되어 세인의 관심사가 된다.

○ 방안에 연기가 스며드는 꿈은 전염병에 감염되기가 쉽고 남에게 누명을 쓰게 된다.

○ 폭죽, 불꽃이 밤하늘에 찬란히 퍼지는 꿈은 계몽 사업으로 선풍적인 인기를 얻고 세인의 이목을 집중시킨다.

○ 벽이 갈라진 틈으로 연기가 새어나온 꿈은 음란한 사업을 하거나 불쾌한 일을 겪게 된다.

○ 화롯가에 여러사람이 둘러 앉아 있는 꿈은 상대방과 사소한 시비로 말다툼을 하게된다.

○ 상대방 몸에 불이 붙어 타는 것을 본 꿈은 자기의 일거리나

사업이 번창하게 된다.

○ 물건이 타는데 불길이 없고 연기만 나는 꿈은 공연한 헛소
문이 떠돌게 된다.

○ 불이 다타서 재만 남은 꿈은 사업이 잘 추진되어 가다가 돌
발적인 사고로 기인하여 재물을 잃어버리게 된다.

○ 남의 밭에 붙은 불이 자기집에 옮겨 붙어 활활 탄 꿈은 남
의 권리나 재산을 자기 앞으로 이전해서 크게 부자가 된다.

○ 아궁이에 불을 때는 것을 보면 사업을 계획성있게 추진시켜
나간다.

○ 집이 활활 타고 있는 꿈은 사업이 융성해져서 탄탄한 기반
을 잡게된다.

○ 자기의 몸에 불이 붙는 꿈은 자기가 하고있는 일이 순조롭
게 잘 이루어지고 신분도 새로와진다.

○ 건물이 폭탄을 맞아 화재가 난 꿈은 여러방면으로 사업이
크게 번창한다.

○ 불이 여러군데 옮겨 붙은 꿈은 언론, 출판기관에서 자기와
관련있는 기사를 다루거나 광고를 하게된다.

○ 강물에 불이 붙은 꿈은 정진적, 물질적으로 어떤 기관과 협
력하여 사업이 크게 성공한다.

○ 횃불을 들고 어두운 밤길을 걷는 꿈은 어렵고 힘든 일을 극
복하거나 진리를 깨닫게 된다.

○ 가로등 밑에서 일을 하거나 서있는 꿈은 협조자에 의해서
근심과 걱정이 해소된다.

○ 햇빛이 강하게 방안으로 들어온 꿈은 강대한 외부 세력 또
는 종교적인 힘이 자기에게 영향을 미친다.

○ 남이 횃불을 들고 가는 것을 본 꿈은 어떤 사람의 지도나
조언을 받게된다.

○ 불 가운데 있으면서도 타죽지 않는 꿈은 다방면으로 부족함
　이 없는 여건인데도 일이 잘 성사되지 않는다.

○ 투명한 물건이 빛을 받아 광선이 반사되는 꿈은 어떤 사람
　의 업적이나 일거리가 자기에게 도움을 준다.

○ 초롱불을 들고 밤길을 가는 꿈은 동업자, 은인 등을 만나 일
　이 잘 추진된다.

○ 방안에 촛불이 환히 밝혀져 있는 꿈은 사업이나 소원이 자
　기 뜻대로 이루어지고 근심과 걱정이 해소된다.

○ 폭음과 더불어 하늘 일각에 섬광이 번뜩거린 꿈은 사람들을
　깜짝 놀라게 할만한 기사거리를 읽게된다.

○ 이층과 아래층에서 각각 불이 난 꿈은 상부층과 하부층에
　연관된 일이 각각 번창하게 되고 선전 광고할 일이 생긴다.

○ 금은 보화의 물체가 빛을 발산하거나 그 빛이 하늘에 닿는
　꿈은 업적, 작품 등이 크게 성취되어 많은 사람들에게 인정
　을 받는다.

○ 전신에 화상을 입는 꿈은 어떤 사람과 인연이나 계약을 맺
　거나 기념할 일들이 생긴다.

○ 밖에서 들여다보는 집 창문에 불이 환히 밝혀져 있는 꿈은
　어떤 기관에서 자기의 성실함을 인정해 준다.

○ 전기줄을 방안에 새로 가설한 꿈은 새로운 직장에 취직이
　되거나 새로운 사업을 추진하게 된다.

○ 성화를 들고 계속 달리는 꿈은 이것이 태몽이라면 진리 탐
　구를 하거나 종교적 지도자가 될 자손을 얻는다.

○ 전기불이 환하게 밝혀진 곳으로 간 꿈은 매사에 하는 일마
　다 순탄하게 성취된다.

○ 성화대에 불이 잘 붙는 꿈은 널리 교리를 전파하고 교회를
　설립하게 될 것이다.

【비(雨)】

비는 감정의 천심(淺深)을 표현하는데 이는 비의 정도나 형태 등에 의해서 각각 그 뜻을 달리하고 있다. 억수같이 내리는 비, 큰비, 호수 등등의 비는 자신으로서도 통제할 수 없을 만큼 과격한 감정에 지배당하여 당황하기도 하고 반광란적이 될 가능성이 있는 것을 뜻하고 있다. 보슬보슬 내리는 비는 적당한 감정의 표현인 동시에 이성적인 억제를 의미한다.

○ 비를 피하기 위해 처마밑으로 들어간 꿈은 시비를 걸어오는 사람이 있거나 사회적인 제재를 받을 일이 있어도 순조롭게 피해간다.

○ 강가에 널려있는 조약돌 위에 비가 내리는 것을 본 꿈은 자기가 한 일에 대해 칭찬을 받거나 작품전에 출품한 작품이 입상을 하게 된다.

○ 유리창문으로 빗방울이 거세게 들이친 꿈은 자신의 신분이나 실력을 많은 사람들로부터 인정받게 된다.

○ 건조하기 위해 헤쳐놓은 물건 위에 빗방울이 떨어진 꿈은 남의 물건을 빌려 주거나 돈을 주고 떼이게 된다.

○ 비가 내리는데 그 속에 눈이 섞여 있는 꿈은 하는 일마다 두 마리의 토끼를 쫓는 꼴이 되어 일이 성사되지 않는다.

○ 폭풍우가 몰아치는 꿈은 누군가가 죽을 징조이나 우렛소리가 사방에서 나는 꿈은 장사를 하면 큰 이득이 생긴다.

○ 우레가 울리고 번개가 치는 꿈은 관리는 승진을 하고, 상인은 장사가 잘되며, 학자는 이름을 떨치게 된다.

○ 비가 오거나 눈이 오는 꿈은 입신양명하고 횡재수가 있다. 다만 보슬비는 장사에 불리하다.

○ 길을 가다 비를 만나는 꿈은 술이 생기고, 비를 만났는데 우산이 없는 꿈은 이사할 징조이다.

【비행(飛行)】

비행은 고난을 극복하고 압력에서 해방되며, 자력으로 자유로이 행사하는 것에 대한 동경을 의미한다.

○ 하늘로 날아 올라가는 꿈은 장차 부귀할 징조의 길몽이다.

○ 남이 하늘로 오르거나 동물, 기구 등 기타의 물건이 하늘에 오르는 꿈은 자기의 하는 일이 사회적으로 공개 혹은 과시되어 크게 성공을 한다.

○ 구름을 타고 하늘로 오르는 꿈은 좋기는 하나 위험성이 있으니 조심을 하라.

○ 날개가 나서 하늘을 날아다니는 꿈은 공직을 얻어 출세를 한다.

○ 아래층에서 위층으로 계단을 날아 오르는 꿈은 진급, 결재, 성적, 진학 등이 계단의 수만큼 수월히 이루어진다.

○ 날고 있는 짐승을 본 꿈은 경영하는 일이나 사건, 재물, 권세. 명예 등이 사회 기관에서 이루어지거나 변화되는 것을 볼 수 있다.

○ 하늘에 오르는 꿈은 출세, 득세, 진급, 작품, 성취 등 국가나 사회적인 일에 연관성이 있고 목적을 달성한다.

○ 호화로운 건물이 공중에 떠있는 꿈은 업적, 조직체 기타 단체적인 일이 세상에 공개되고 과시될 수 이다.

○ 공중에 떠있거나 나는 꿈은 세상 사람들에게 널리 과시하고 광고하여 선전하는 일과 연관이 있다.

○ 공중을 비행하는 비행체, 새, 짐승 등을 본 꿈은 국가나 사회적인 기반에서 이루어지는 사업이나 작품, 업적 등을 과시, 선전, 광고할 일과 견관이 있을 수다.

【빛(光)】

전기, 전등 등 모든 조명기구는 쾌락의 원천을 상징한다. 조명이 어둡기 때문에 전등갓을 빼버리는 꿈은 자신의 쾌락을 추구하려는 기분, 욕망을 일시적으로 해방시키고 싶다는 마음의 표현이다. 전등갓은 것이 없어도 대체로 밝은 곳은 쾌락의 해방을 바라는 마음의 상징으로 본다.

○ 집안이 온통 환하게 보이는 꿈은 상업을 한다면 영업이 잘 되어 많은 이익이 발생하고 기쁜일이 있다. 범사에 적극적인 자세로 임하면 모두 이루어진다.

○ 지하실 같은 컴컴한 곳으로 내려가는 꿈은 현실생활에 대한 불만과 싫증을 느끼고 있다는 것을 의미한다. 무엇인가 희망적으로 생각하는 사람은 밝은 곳으로 나오는 꿈을 자주 꾼다.

○ 전등 스위치를 켜도 전기가 들어오지 않아 당황하는 꿈은 주로 갱년기에 접어든 노년층에 많이 나타난다. 만일 젊은 이 이와같은 꿈을 꾸었다면 건강에 유의해야 한다.

※ 꿈속에서의 「전구」는 현실에서의 「성기」를 뜻하고 「전기불」은 「정력」을 의미하기도 한다.

○ 불빛을 보는 꿈은 하는 일마다 재수가 있다. 그리고 매우 중요한 일을 담당하게 된다.

○ 성곽에 불빛이 있는 것을 보는 꿈은 멀지않아 좋은 일이 생길 징조이다. 만일 현재 고민하고 있는 일이 있으면 깨끗하게 해결이 되리라.

○ 맑은 하늘에 별빛이나 달빛이 비치는 꿈은 자신을 존경하는 사람이 나타나거나 사랑할 수 있는 사람이 나타난다. 만일 결혼한 부인이 이 꿈을 꾸면 남편이나 친척간에 불화가 있을 징조이니 각별한 조심이 필요하다.

○ 전기줄을 방안에 새로 가설한 꿈은 새로운 직장에 취직이 되거나 새로운 사업을 추진하게 된다.

【산(山)】

풍경으로 보여지는 산은 대체로 여성의 앞가슴을 상징하는데 이는 애착이나 동경의 강한 표현이다.

○ 적진의 산정을 점령한 꿈은 어떤 현상 모집에서 입선을 하거나 단체 경기에서 우승을 하게 된다.

○ 산 정상에서 큰 소리로 외친 꿈은 세인의 관심을 한몸에 받거나 자기 신변에 관한 일을 타인에 의해서 알게되는 일이 있다.

○ 산 정상에 날아 오른 꿈은 가장 빠른 방법으로 목적을 달성한다.

○ 깊은 산속에서 길을 잃고 방황할 때에 이인을 만나 길을 안내 받으면 이는 출세할 징조이다.

○ 높은 산이나 고개에서 내려오는 꿈은 천한자에게는 길하고, 귀한자에게는 흉하다.

○ 나무가 없는 석산이나 넓은 들판을 보는 꿈은 먼곳에서 사람이 찾아온다는 표현이다.

○ 산을 짊어지는 꿈은 큰 권세를 잡을 수 있는 길몽이다.

○ 꿈에 높은 산을 보는것은 모두 길하며 이때 산이 높을수록 더욱 좋다.

○ 산을 오르는데 멀다고 느껴진 꿈은 목적한 일이 자기 뜻대로 쉽게 이루어지지 않는다.

○ 산에서 지도를 그린 꿈은 윗사람에게 청원할 일이나 교회 같은데서 기도할 일이 생긴다.

○ 산마루나 언덕위에 많은 사람이 모여 있는 꿈은 자기와 뜻을 같이 할 사람을 만나게 된다.

○ 바라보고 있던 산이 짐승이나 사람으로 변한 꿈은 정치가나 사업가로 크게 변신을 하게 된다.

○ 산맥의 모형도를 그린 꿈은 사회적으로 자기의 실력이나 작품을 인정받아 세인의 관심을 끌게 된다.

○ 산 정상에서 사람을 만나거나 보물을 얻는 꿈은 대길하며 반드시 좋은 일이 생긴다.

○ 높은 산의 정상에서 사방을 굽어 살펴본 꿈은 사회적으로 큰 업적을 이루거나 지위나 신분이 고귀하게 성취된다.

○ 산을 짊어지거나, 들어 올린 꿈은 강대한 세력이나 단체를 자기 마음대로 움직일 수 있는 실력자로 군림한다.

○ 산에 지팡이를 짚고 오른 꿈은 어떤 협조자나 상사의 도움에 의해서 일을 순조롭게 진행시켜 성취를 한다.

○ 산속에서 신발을 잃어버린 꿈은 자기 작품이나 일거리가 어떤 단체에 의해서 보류된채 발표되지 않는다는 징조이다.

○ 구름이나 안개가 높은 산을 덮는 꿈은 소원하는 일이 급히 이루어지지 않으니 때를 기다려야 한다.

○ 산속에서 폭포수가 우렁차게 쏟아지는 광경을 보는 꿈은 불원간 귀인을 만나 하는 일이 성공된다.

○ 산중에서 농사를 짓는 꿈은 의식이 유여하여 부러울 것 없다.

○ 산이 무너지는 꿈은 흉몽이다. 손윗사람의 상을 당할 염려가 있다.

○ 산이나 언덕을 오르는 꿈은 병이 쾌차하고 재앙이 없어진다.

○ 높은 산에 붉은 구름이 감돌고 있는 꿈은 만사가 형통하는 대길한 꿈이다.

○ 산이나 숲속을 다니는 꿈도 길하며 만사가 뜻과같이 성취된다는 표현이다.

【살인】

살인은 지금까지 자신에게 만족하지 못하고 새롭게 다시 태어나고 싶다는 바램의 표현이기도 하다.

○ 본인이 탄 차가 사람을 치어 죽이는 꿈은 자기의 사업체나 또는 직장에서 의뢰한 일이 순조롭게 성사가 된다는 표현이다.

○ 자기가 죽었는데 또 하나의 자신이 그 옆에서 시체를 내려다 보는 꿈은 양면성을 지닌다. 죽은 시체는 도모하던 일이 성사 되어짐을 뜻하고, 그것을 보는 또 하나의 자신은 자기의 뜻에 따라 그 일을 평가나 연구해 줄 사람임을 표현하는 것이다.

○ 사람을 죽였는데 다시 살아나서 쫓아와 도망치는 꿈은 해결할 문제가 실패되어 심적으로 고통을 받게 된다.

○ 사람을 죽이고 정당 방위임을 주장하는 꿈은 어떤일의 목적은 달성할 수 있지만 그 성과는 인정을 못 받는다.

○ 자기에게 덤비는 사나운 짐승을 죽이는 꿈은 아름차고 벅찬 일을 성사시킨다.

○ 자기를 해치려는 적을 죽이는 꿈은 자기 능력에 넘치는 일을 과감히 도전하여 난관을 극복하고 성사를 시킨다.

○ 사람이나 동물을 죽이고 불안해 하는 꿈은 모처럼 성사시킨 어떤 일로 기인하여 불쾌감을 느낀다.

○ 사람을 무자비하게 죽이는 꿈은 현실에서 하고자 하는 어떤 일이나 사건을 통쾌하게 해결하거나 성사를 시킨다.

○ 파리나 모기, 벌 등의 해충류를 죽이는 꿈은 근심과 걱정이 해소된다.

○ 자기가 남에게 죽임을 당하는 꿈은 자기의 하는 일이 남에 의해서 이루어진다.

○ 자살하는 꿈은 지금까지의 일에 종지부를 찍고 새로운 일을 착수하거나 자신의 신분을 변화시킨다.

○ 애완 동물을 죽였는데 다시 살아나는 꿈은 어딘가에 의뢰했던 일거리가 되돌아 온다.

○ 사람이나 동물을 죽여서 크게 울면, 시험에 합격하여 기쁘고 소문이 널리 퍼진다.

○ 사람을 죽이고 경찰에 쫓기는 꿈은 시험에 불합격 한다.

○ 남을 죽이거나 자기가 죽는 꿈은 입학, 취직, 사업 등이 잘 이루어진다.

○ 나를 죽이려고 하는 괴한에게 애원하는 꿈은 중병, 교통사고 또는 사업의 실패 등을 초래한다.

○ 자기가 죽어 상여소리가 울려 퍼지는 꿈은 자기의 사업이나 작품이 크게 성사되어 명성을 떨친다.

○ 애인이 죽어서 부르는 꿈은 그 망령이 아니라 그와 비슷한 자의 청혼을 받는다.

○ 죽은 자식이 집에 오는 꿈은 과거에 하던 일과 연고가 있거나 내력있는 작품이 자기에게 주어진다.

○ 자기가 짐승이 되어 새나 닭같은 것을 물어 죽이는 꿈은 경영의 운영권을 갖게 된다.

○ 두 사람을 한 칼에 베어 죽이는 꿈은 하나의 방법에 의해서 두 가지의 일이 잇달아 성사가 된다.
○ 적병중 한 사람도 죽이지 못한 꿈은 어떤 관청일을 순조롭게 진행하다가 그 중 한 가지 일이 벽에 부딪치게 된다.

【새】

새는 사람과 동일시되며 이는 작품, 일거리, 재물, 권력, 길한 일과 흉한 일 등을 상징한다.

○ 화려한 공작새를 소유한 남자의 꿈은 훌륭한 여자와 결혼할 징조이다.
○ 다리에 끈이 달린 새가 문안에 날아든 것을 붙잡은 남자의 꿈은 유부녀와 사랑을 하게된다.
○ 독수리가 자기를 채어 공중을 날으는 꿈은 여자는 훌륭한 남자를 만나 혼인을 한다.
○ 새장의 새가 도망가는 꿈은 아내와 이별할 일이 있거나 일거리를 어디에 이관할 일이 생기게 된다.
○ 새장에서 노는 한쌍의 새를 보는 꿈은 부부생활을 회상하게 된다.
○ 날으는 새를 붙잡는 꿈은 결혼한 사람은 이별이나 별거를 하게 된다.
○ 꾀꼬리와 같은 황금색의 새를 붙잡는 꿈은 입학, 결혼, 승진 등이 이루어진다.
○ 제비가 날아와 집을 짓고 새끼를 치는 꿈은 사업이 번창해 진다.
○ 참새가 날아와 곡식을 먹는 꿈은 많은 종업원을 거느리게 될 징조다.
○ 새를 쓰다듬는 꿈은 배우자나 또는 그 밖의 사람으로 기인

하여 속 썩을 일이 발생한다.

○ 봉황새를 보거나 소유하게 되는 꿈은 훌륭한 배우자를 만나 행복을 누릴 징조다.

○ 원앙새를 소유하는 꿈은 헤어진 부부가 다시 결합하거나 자녀의 혼사를 치루게 된다.

○ 제비가 날아왔다 잠시 머문 꿈은 예쁜 여인을 맞이하여 한동안 동거를 하게 된다.

○ 비둘기를 붙잡은 남자의 꿈은 온순한 여자와 결혼을 한다.

○ 닭이 나무에 오르는 것을 본 꿈은 지위가 높아질 징조이다.

○ 황새가 나무에 무수히 앉은 것을 본 꿈은 공직에서 장이 된다는 표현이다.

○ 꿩이나 닭이 알을 품고 있는 꿈은 좋은 아이디어나 창작물 등이 빛을 보게 되는데 이는 오랜시간이 필요하다.

○ 수닭이나 또는 장끼가 우는 소리를 듣는 꿈은 공직에 나아가게 된다.

○ 참새가 떼를 지어 날으는 것을 본 꿈은 많은 부수의 책을 출판한다.

○ 기러기가 무리를 지어 날아가는 것을 본 꿈은 출간된 서적을 재판, 3판하게 된다.

○ 암닭의 우는 소리를 듣는 꿈은 희귀한 작품을 써서 세상을 놀라게 한다.

○ 큰 바위같은 알에서 학의 새끼가 나와 걷는 것을 본 꿈은 어떤 학술 서적을 번역하여 출간하게 된다.

○ 학이나 두루미같은 고상한 새는 학자, 성직자 등을 상징하며 그 처세가 고고함을 뜻한다.

○ 수닭이 쪼으려고 덤비는 꿈은 괴한으로부터 시달림을 받거나 위장병에 걸리게 된다.

○ 솔개나 독수리가 접근하여 수족을 무는 꿈은, 야심가는 권세를 잡고 처녀는 훌륭한 배우자를 만난다.

○ 비둘기나 닭에게 모이를 주는 꿈은 여러사업에 투자할 일이 생긴다.

○ 세 마리의 새가운데 한 마리가 손바닥에 앉은 꿈은 세 여성 중 한 여성을 맞이하여 혼인을 한다.

○ 머리위에 공작새가 나는 꿈은 예술작품으로 명성을 떨치고 부귀해진다.

○ 하늘에서 매가 빙빙 돌고 있는 꿈은 지위가 향상 되거나 세상에 과시 할만한 사업으로 성공을 한다.

○ 원앙 금침이나 원앙 문양이 든 그림을 본 꿈은 동업이 순탄하게 이루어지며 사업도 번창한다.

○ 학을 타고 내려온 노인이 무엇인가를 전해주는 꿈은 신분이 영화로워지고 협조자가 나타나서 돕는다.

○ 비둘기떼에게 먹이를 주는 꿈은 선량한 무리들을 육성할 일과 연관이 있다.

○ 까치와 까마귀가 시체를 파먹은 꿈은 집안에 잔치가 벌어져 많은 손님을 접대할 일이 생긴다.

○ 앵무새가 말을 하는 꿈은 여자와 말다툼할 일이 있게 된다.

○ 지붕위에서 닭이 우는 꿈은 집안에 우환이 생기거나 제3자에게 억압을 당할 일이 있게 된다.

○ 달걀을 산속에서 얻는 꿈은 새로 개발한 「노하우」가 크게 빛을 보게 된다.

○ 학이 품안에 들어오는 꿈은 귀자를 낳을 태몽이고, 학이 공중에 날으는 꿈은 출세를 할 길몽이다.

○ 꿈에 백조를 본 꿈은 신체가 건강할 징조이나 다만 백조가 우는 꿈은 흉몽이다.

○ 꿈에 닭을 본 꿈은 길하다. 다만 혼담은 성립되었다가도 깨지는 수가 있다.

○ 뱀이 새알을 물어간 꿈은 사회 사업을 하는 사람과 혼인을 하게 된다.

○ 까마귀가 우는 꿈은 남에게 비방을 받는다. 또 까마귀가 많이 모여서 울면 구설수가 생긴다.

○ 부엉이의 꿈은 만사가 불길하다. 그러나 효도하는 사람은 무방하다.

○ 까치가 날아가는 꿈은 백사가 길하며 나쁜 일이 사라진다.

○ 독수리가 창공을 날으는 꿈은 남의 우두머리가 되는 길몽이다. 꿈에 매를 봐도 대길하다.

○ 비둘기를 꿈에서 보면 부인이 길하고 집안이 화목하며 가업이 번창한다.

○ 닭이 울며 새벽을 알리는 꿈은 기업이 번창하고 미혼 여자는 이 꿈이 제일 좋다.

【색깔】

꿈에서 흔히 나오는 색깔은 흑색, 백색, 적색, 녹색, 청색 등인데 대개는 눈을 뜨는 순간에 거의 잊어버린다.

○ 백색은 결백, 정의, 소박, 처녀성, 유산, 상속, 쇄신, 항의, 배타성 등을 뜻한다.

○ 빨간 글씨는 휴식, 거세, 단체같은데서 제외될 일과 관계가 있다.

○ 빨간색은 정열, 충성심, 정조관, 연정 등을 의미한다.

○ 빨간 의복은 신분의 귀함 또는 모함에 빠지는 일 그리고 흥분, 싸움, 상해 등과 연관이 있다.

○ 분홍색은 연애, 명예, 기쁨, 애착, 부귀, 공로, 선동 등의 일

과 연관이 있다.

○ 꿈속에서 표현되는 물건의 색깔은 특별한 상징적 이미지를 나타내기 위한 가공된 관념의 표상이라 한다.

○ 검정색은 불쾌, 불길, 무의미, 음탕, 미개척, 부도덕 등을 표현한다.

○ 파란색은 젊음, 초년, 정력, 박애주의, 인내, 신선미 등을 뜻한다.

○ 여러가지 색상이 합해져서 혼합된 색이 되면 다목적, 잡종, 잡념, 복잡, 협력 등을 표현하는 것이다.

○ 보라색은 선동, 음호, 수줍음, 겸손, 아늑함, 존경 등을 의미한다.

○ 회색은 이중성격, 위신, 경멸, 죄과, 미완성, 허약함 등의 의미를 지닌다.

【샘】

샘이나 우물처럼 물이 계속 솟아 나오는 것은 임신을 암시한다. 이는 이미 임신을 하고 있거나 혹은 임신을 바라고 있다는 표현이기도 하다.

○ 샘물이나 우물물이 도도하게 넘쳐 흐르는 꿈은 대길하다. 이는 집안이 흥하고 자손이 번창하며 좋은 인연과 재물을 얻을 징조이다.

○ 우물물이 말라버리는 꿈은 친척간에 불화가 생기며 재산이 탕진된다. 다만, 부인이 이 꿈을 꾸면 무방하다.

○ 샘물이나 우물물이 탁해 보이면 신경질환이 생길 위험이 있으며 특히 여색을 경계해야 한다.

【생각】

생각은 소원의 충족과 연관된 현실적인 체험의 표시로 본다.

○ 자기가 신선이 되는 꿈은 남의 도움없이 부귀하게 될 운세를 예시하는 길몽이다.

○ 까닭없이 몹시 기뻐하는 꿈은 현실적으로도 매우 기쁜일이 일어날 것을 예시해 주는 꿈이다. 그러나 만일 꿈속의 상황으로 미루어 보아 어떠한 원인이 분명하게 표출되어 있는 상태에서 자기가 기뻐하는 꿈이라면 그 예시성이 약간 달라지기도 하지만 그러한 경우에도 길몽임에는 틀림이 없다.

○ 자기가 남을 기쁘게 해주는 꿈은 현실적으로 질투할 상대가 나타난다. 마음속으로 얄밉고 시기심이 치솟는 상대이지만, 겉으로는 어떻게 해볼 수 없는 강력한 상대 앞에서 고민하지 않으면 안되는 일이 생긴다. 이런 꿈을 꾸었을 때에는 특히 대인관계를 원만히 하고 남의 미움을 사지 않도록 노력하는 것이 중요하다. 자신도 가급적이면 상대방의 입장을 이해하도록 힘쓰는 것이 좋다.

○ 자기의 어깨가 무척 커보이는 꿈은 운수가 대통하여 재수가 있으며 또한 멀지않아 자기를 사랑하는 연인이 나타난다는 징조이기도 하다.

○ 자기에게 다른 사람이 화를 내는 꿈은 친구나 연인이 자신을 이끌어주는 사람처럼 느껴지며 또한 부모나 상사로부터 꾸지람을 듣는 일도 있다.

○ 자기가 화가나서 소리를 지르는 꿈은 원하던 바가 친구의 도움으로 이루어지며 경쟁하던 사람을 물리치고 많은 사람의 우두머리에 서게 된다.

○ 다른 사람이 무섭게 느껴지는 꿈은 중요한 임무 등으로 바쁘게 되고 다른 사람과 다투는 일이 있거나 사회를 위해 봉

사하는 일 등이 있게 된다.

○ 자기가 다른 사람을 부러워하는 꿈은 경쟁을 하던 사람이나 자기가 질투하고 있던 사람에게서 진한 패배감을 느끼게 된다. 그리고 주위 사람과 다투는 일이 생기거나 아니면 큰 일을 맡게 된다.

○ 자신이 어떠한 큰 문제를 저지른것 같은 꿈은 많은 사람이 생각지도 못한 일을 해내거나 깜짝 놀랄만한 사건을 일으킬 징조이다.

○ 본인이 미치광이가 된 꿈은 현실적으로 괴롭고 어려운 일과 속에서 탈피할 수 있게 된다. 지금까지와는 다른 자유스러움이 현실의 생활속으로 찾아드는 것을 예시하는 표현이다.

○ 상대방을 측은하게 생각하거나 불쌍해서 위로한 꿈은 소원, 청탁, 사업 등의 일이 절망상태에 놓여진다.

○ 시원스럽게 울거나 대성 통곡하는 꿈은 기쁘고 만족할 일이 생긴다.

○ 상대방이 흐느껴 우는 꿈은 상대방에 대한 의혹을 가지게 되고 가환(家患), 신병, 불행 등의 일을 경험하게 된다.

【선물】

선물은 여성이 성적으로 눈을 뜨고 남성의 눈길을 강하게 의식하는 것을 의미하는데 선물을 보내는 꿈은 자신이 결혼하고 싶다는 것을 간접적으로라도 표현하였으면 하는 기분을 뜻한다. 선물에 색종이를 붙이거나 리본을 달기도 하는 것에 의해서 그 기분이 강조된다.

○ 물고기와 같은 살아있는 선물을 받는 꿈은 반드시 먼곳에서 소식이 온다.

○ 남에게 의복을 주는 꿈은 실직하는 일이 생기기가 쉽고 또한 근심할 일이 발생한다.

○ 집안의 재물을 남에게 나누어 주는 꿈은 친척이 흩어질 징
조이다.

○ 남이 나에게 활이나 화살을 주는 꿈은 남의 도움을 받을 징
조이다.

○ 귀인에게 패물이나 기타 보물을 받는 꿈은 대길하며 반드시
출세한다. 만일 여자라면 좋은 인연을 만나 결혼을 할 것이다.

【성교】

성적 욕구를 만족시키는 것은 새로운 생각이나 새로운 것을 만들어
내려고 하는 창조에 대한 의욕을 뜻한다. 성적인 꿈에서는 10대가
지나면 실제의 오르가즘이나 사정을 동반하지 않는 것이 보통이다.
그러나 어느정도의 성적 충동은 해방이 된다. 강간하는 꿈은 성적
충동이 강한 사람에게 꾸어지며 타인이 성교하는 것을 보는 것도 자
신의 성교와 같다. 육친을 상대로 성교하는 꿈은 근친간에 간통을
바라는 것은 절대 아니다. 다만 귀엽다고 생각하는 한 표현이다.

○ 여러명의 여성과 차례대로 성교를 한 꿈은 자기의 전공분야
와 상관없는 일거리가 많이 생긴다.

○ 꿈속에서 성교를 하다가 실제로 사정을 해버린 꿈은 과격한
운동을 하다가 빈혈증세로 다칠 염려가 있다.

○ 감정도 없이 졸고 있는데 성기가 발기한 꿈은 일을 해도 결
과가 의욕을 뒤따르지 못하며 또한 질병에 걸리기 쉽다.

○ 성교 도중에 사람이 갑자기 나타나 목적을 달성하지 못한
꿈은 하는 일마다 방해자가 나타나 괴롭히며 심지어는 계약
상태의 것도 해약이 되는 경우가 있다.

○ 키스와 성교는 같은 차원으로 생각하며 동시에 같이 행했던
꿈은 한꺼번에 두 가지의 일을 성취시키고 실업자에겐 여러
곳에서 취직을 알선해 온다.

○ 친족과 성교를 한 꿈은 평소에 존경하거나 짝사랑하던 사람과 급속도로 가까워질 기회가 생기게 된다.

○ 오르가즘의 기분을 강렬하게 느꼈던 꿈은 물질적으로 큰 손해를 보거나 괴로운 일을 당하고 또한 정신적 시달림을 받는다.

○ 성교를 하다가 도중에 그치거나 만족스럽지 못했던 꿈은 계획하고 있었던 일이 좌절되어 크게 실망하거나 불쾌한 일들을 접하게 된다.

○ 유부녀와 거리낌없이 성교를 한 꿈은 남의 일에 간섭하여 눈총을 받는다. 그러나 금전적으로는 큰 이득을 본다.

○ 옛날에 사랑했던 사람을 다시 만나 성교를 한 꿈은 언제 해결 될지도 몰랐던 일이나 포기하고 있었던 일을 다시 시작하게 된다.

○ 짝짓기를 하는 동물을 감상한 꿈은 어떤 사람과 동업할 일이 생기거나 어떤 형태로든 재물이 불어나게 된다.

○ 지나가는 사람에게 윙크를 했는데 그가 따라온 꿈은 자신의 사업계획에 반대하는 사람이 없음을 뜻한다.

○ 간단하게 나눈 인사의 꿈은 어떤 사람에게 맹세를 하거나 굴복할 일이 생긴다.

○ 유명 인기인과 입맞춤을 한 꿈은 생애 최고의 명예가 될 일에 관계하게 되고, 자신이 직접 그러한 상을 수상하게 된다.

○ 남이 성교하는 것을 관심있게 바라본 꿈은 남이 하는일에 공연히 관여를 해서 창피를 당한다.

○ 사람들이 보는 앞에서 거리낌없이 성교를 한 꿈은 많은 사람들이 관심을 갖고 있는 일에 손을 대서 성공을 거두게 된다.

○ 곤충이 교미하는 것을 본 꿈은 유치한 일이나 아무도 거들떠보지 않은 하찮은 일에 신경쓸 일이 생긴다.

○ 부부간에 성교를 한 꿈은 사업상의 계약이 성립되고 집안과

관계된 모든 일이 순조롭게 성취된다.

○ 처녀라고 생각되는 여자와 성교를 한 꿈은 술을 마시면서 의논해야할 일이 생기거나 또는 자신의 하는일에 여러사람이 참견을 하게된다.

○ 동물을 사람으로 여기고 성교를 한 꿈은 어떤 일을 하는데 있어서 순리를 벗어나기는 했어도 결과는 만족을 느낀다.

○ 성교를 했는데 최고의 만족감을 느낀 꿈은 대인관계나 직업 기타 경영하는 일에 불만없이 흡족함을 느낀다.

○ 강간을 성공하고 만족을 느낀 꿈은 자기에게 주어진 일에 대해서 강압적으로 성취는 하나 큰 만족은 맛보지 못하고 심적 고통을 받게 된다.

○ 사람들이 수치스럽게 생각하는 곳을 본 꿈은 무슨 일을 하든 미수에 그치게 되고 그로 인해 불쾌감에서 벗어나지 못한다.

【소(牛)】

소는 조상 또는 집안식구, 협조자, 재산, 사업체 등을 표현하는 상징물이다.

○ 소를 사오는 꿈은 집안에 며느리 또는 귀한 손님이 오거나 재물이 생기게 된다.

○ 소를 남이 몰고가는 꿈은 고용인, 재물, 사업체 등을 상실할 위험이 있다.

○ 소가 자기를 쓰러뜨리고 짓밟는 꿈은 채권자에게 빚 독촉을 강하게 받는다.

○ 소에게 받히는 꿈은 믿었던 사람에게 배신을 당하거나 마음에 고통을 받아 병에 걸리기가 쉽다.

○ 수레를 끄는 소는 사업체를 의미하며 소는 경영자 또는 고용인을 상징, 표현 하기도 한다.

○ 소가 매우 지쳐 있는 것을 본 꿈은 사업체 또는 고용주, 세 대주 등이 과중한 책임을 지고서 고통을 받게 된다.

○ 남의 집 소를 훔쳐오는 꿈은 결혼 또는 임신을 한다.

○ 외양간의 소가 고삐 풀린채 머리를 밖으로 내어밀고 있는 것을 본 꿈은 이혼을 하거나 별거를 하기가 쉽다.

○ 소가 혼자서 알수없는 짐을 잔뜩 싣고 와 자기앞에 서있는 꿈은 혼인할 약혼자로 기인하여 근심과 걱정을 하게 된다.

○ 검은 소를 본 꿈은 탐탁치 않은 배우자를 만나거나 아니면 반대로 아주 훌륭한 배우자를 만난다.

○ 소가 멀리 매어져 있는 것을 본 꿈은 먼 곳에 있는 여자와 결혼 하거나 상당한 시일이 걸려야 배우자를 만난다.

○ 소를 끌고 집으로 들어오는 꿈은 결혼, 재물, 사업체 등과 연관이 있다.

○ 소를 끌어다 고삐를 기둥에 매단 꿈은 고용인, 며느리, 아내 등을 얻거나 어떤 사업체 또는 재물을 얻는다.

○ 소를 타거나 몰고가다 쓰러진 꿈은 자기세력, 단체 또는 사 업체 등이 와해되거나 어려운 처지에 이르게 된다.

○ 뿔이 잘 생기고 털이 윤기가 흐르는 소를 본 꿈은 자기의 일이 주변으로부터 인정을 받는다.

○ 황소 세 마리가 매어져 있는 것을 본 꿈은 아들 셋을 두며 각자 자수 성가를 한다.

○ 소를 팔고 다른 소를 사는 꿈은 고용인 또는 집, 사업장 등 을 바꾸게 된다.

○ 투우 경기를 관람하는 꿈은 이권 또는 이념의 대립이 있게 된다.

○ 소뿔에서 피가 흐르는 것을 본 꿈은 높은 관직에 오르거나 작품 등으로 세상을 감화시키는 수가 있다.

151

○ 소등을 타고 길을 가는 꿈은 단체의 장 또는 사업체의 운영 자가 되어 권세를 과시하게 된다.
○ 소가 수렁에 빠져있는 것을 구하는 꿈은 집안 식구가 병이 들거나 모험에 빠진것을 구하고 기울어진 가세를 일으켜 세운다.
○ 소가 공중에 매달려 있는 꿈은 계약자가 행방불명되어 돈을 날리게 된다.
○ 중병으로 고생하는 사람이 소를 끌고 산으로 오르는 꿈은 멀지않아 죽음을 의미한다.
○ 소가 자기를 보고 빙그레 웃는 꿈은 사람으로 하여금 불쾌 감을 당한다.
○ 검은 소가 외딴 들판에 매어져 있는 것을 본 꿈은 사람을 얻거나 반갑지 않은 남의 식구를 맞이하게 된다.
○ 누런 암소를 끌어다 매는 꿈은 며느리, 여자, 고용인 등을 얻거나 재물이 생긴다.
○ 소를 끌고서 산에 오르는 꿈은 신분이 향상되거나 부자가 되는 길몽이다.
○ 목장에 많은 소가 있는 것을 본 꿈은 그 소의 수효만큼의 종업원을 거느리거나 막대한 재물이 생긴다.
○ 죽은 소를 땅에 묻는 꿈은 집안에 우환이 생긴다.
○ 용변을 보고있는 소를 본 꿈은 정신적 또는 물질적인 사업 으로 재물을 벌어 들인다.
○ 뛰는 소를 잡지 못하는 꿈은 종업원이 도망치거나 재물의 손실을 가져온다.
○ 소가 말을 하는 꿈은 책을 상징한다.
○ 소의 털이 잡색이거나 점박이면 여러가지 특성을 지닌 사람, 재물, 작품 등을 상징하지만 그리 탐탁치는 못하다.

○ 여러사람이 소를 잡아서 고기를 나누는 꿈은 정신적 또는 물질적으로 분배할 일이 생긴다.

○ 소를 자신이 죽이는 꿈은 추진하는 사업이 잘 진행된다.

○ 목부가 소를 한 장소로 모는 꿈은 한 집단이나 인원을 지휘할 수 있는 자리에 오른다.

○ 소를 방목하는 꿈은 자손 또는 종업원이 속을 썩이며 재산을 축내게 된다.

○ 소가 쟁기를 매고 밭을 가는 것을 본 꿈은 어떤 협조자를 얻어 자기 사업에 활력을 띠게 한다.

○ 소에다 소금 두 가마니를 싣고 오는 꿈은 중년이후 또는 말년에 두 가지의 사업을 벌여 부귀를 이룩하는 길몽이다.

○ 소가 산이나 언덕에 오르는 꿈은 대길하나 소가 대문을 나가는 꿈은 흉하며 관의 송사가 생긴다.

○ 소가 송아지를 낳는 꿈을 보면 구하는 것이 반드시 얻어진다고 한다.

【소리(聲)】

꿈속에서 들려오는 목소리는 현실에서 일종의 경고를 암시한다.

○ 종이 저절로 울리면 먼 곳에서 소식이 온다.

○ 종을 때려도 소리가 나지않는 꿈은 흉몽으로 친다.

○ 상대가 소리를 내는 꿈은 병과 근심이 생긴다.

○ 종이나 북이 크게 소리나는 꿈은 관직이 올라간다는 상징이기도 하다.

○ 신이나 존재의 인물이 길흉을 예고해주는 꿈은 길하며 복록을 얻는다.

【소변】

소변은 재산, 건강, 발표 등을 표현한다.

○ 자기의 소변이 큰 강을 이루거나 한 마을을 덮는 꿈은 자기에게 큰 권세가 주어지거나 자기 사상을 남에게 강력히 주장을 한다.

○ 여러군데를 두리번거리다가 화장실을 찾은 꿈은 여러기관을 물색한 다음 한 곳에서 자기의 소원을 충족시킨다.

○ 음식점의 화장실에 들어간 꿈은 유흥업소에서 일을 하거나 사람 찾을 일이 생기게 된다.

○ 남이 보기때문에 소변을 보지 못하거나 잘 나오지 않은 꿈은 어떤 일을 하든지 자기의 소원이 충족되지 않는다.

○ 소변을 보자 갑자기 오줌 바다가 된 꿈은 자기의 작은 힘으로 큰 세력을 움직이게 된다.

○ 소변이 옷에 묻은 꿈은 상호간에 어떠한 계약을 맺거나 사소한 감정으로 불쾌한 마음을 갖는다.

○ 소변을 보기위해 화장실에 들어가는데 잠이 깬 꿈은 경영하는 일이 뜻과 같이 잘 이루어지지 않는다.

○ 남이 소변 보는 것을 본 꿈은 남이 어떤 소원을 충족시키는 것을 보거나 남의 작품이 지상에 발표 된 것을 보게 된다.

○ 세면장 물이 흐르는 개천에서 소변을 본 꿈은 어떤 언론이나 출판사에서 자기와 직접 관련있는 기사를 읽게 된다.

○ 소변을 자기집 화장실에서 본 꿈은 자기 집안일이나 직장일과 연관이 있다.

○ 소변이 가득한 항아리 같은것에 소변을 본 꿈은 문필가는 잡지사에 투고를 하고 사업가는 사업의 일대 성과를 거두는 길몽이다.

【손(手)】

손은 외부에 대하여 적극성을 띠고 몸소 행동으로 실천함을 의미한다. 그리고 손이라고 하는 것은 모든 죄악의 직접적인 범인으로서 나쁜 짓을 하는 것이라는 의미도 가진다. 꿈에서 손을 내밀어 보이면 무엇인가를 시작하려는 표현이고, 손을 인형이나 오뚝이처럼 내밀 수 없으면 아무것도 하고 싶지 않다는 뜻을 표현하는 것으로 본다.

○ 한 사람에게 여러개의 팔이 달린 것을 본 꿈은 많은 부하를 거느리는 수령격의 사람과 만남이 있다.

○ 팔이 부러진 꿈은 지금껏 쌓아올린 공든 탑이 무너지거나 협조자와 헤어지게 된다.

○ 빠진 손목을 다시 맞춘 꿈은 사업상 동거 동락했던 사람과 당분간 헤어질 일이 생긴다.

○ 의자에 앉아서 자기의 손을 본 꿈은 중요한 물건을 잃어버리거나 누구에겐가 모함을 받을 수 있다.

○ 왼손을 사용하여 무슨 일을 한 꿈은 옳지 못한 일에 협조하거나 직접 일을 저지르기도 한다.

○ 오른손을 사용하여 무슨 일을 한 꿈은 누구보다도 정의롭고 옳은 일을 하게 된다.

○ 열 손가락을 사용하여 무슨 일을 했던 꿈은 많은 사람들이 함께 해야할 일이 생긴다.

【손님】

손님은 방문자이므로 긴장과 흥분을 야기시킨다. 그러므로 이성을 뜻하는 일이 많다.

○ 먼 곳에서 손님이 온 꿈은 술과 음식이 생긴다.

○ 평소에 미워하던 사람과 만나는 꿈은 질병이 올 위험이 있다.

○ 멍석위에 손님들을 모아놓고 분주하게 의논하는 꿈은 집안

이 산란해질 징조이니 각별한 조심이 필요하다.
○ 귀한 사람이 찾아오는 꿈은 술이 생기고 출세할 징조이다.

【수영】

수영은 알몸이 되어 몸전체를 움직이는 전신운동이기 때문에 섹스에 대한 강한 욕구를 상징한다.

○ 옷을 입은채로 수영을 한 꿈은 자신의 직권을 이용하여 잘못된 일을 바르다고 우길 일이 생긴다. 그러나 스스로 곧 잘못을 뉘우치고 후회하게 된다.

○ 수면이 잔잔한 맑은 물에서 수영한 꿈은 일상 생활이 원만하여 어려움이 없고 하는 사업도 순탄하여 실패가 없다.

○ 물살이 센 강이나 시내에서 수영을 한 꿈은 간사한 꼬임에 빠지거나 질병에 걸릴 염려가 있다.

○ 동물이 헤엄치는 것을 보면 정부 기관의 개입으로 기인하여 자신의 사업이 호전되고 발전하는 수가 있다.

○ 배를 타지 않고 헤엄을 쳐서 강을 건너는 꿈은 직장에서 진급을 하거나 출품한 작품이 입상을 한다.

○ 항해 도중에 배가 파손되어 헤엄을 치다가 구조되는 꿈은 실직이나 파산, 파혼 등의 일이 사고 직전에 사건이 호전되어 원 위치를 되찾게 된다.

○ 두더지처럼 땅속에서 헤엄을 친 꿈은 법을 어기는 일에 손을 대거나 정부시책에 역행되는 일을 자행한다.

○ 수영복도 입지 않고 알몸으로 수영을 한 꿈은 매사에 간섭하는 사람이 없어 그 누구보다도 자유스럽다.

○ 열심히 헤엄을 치는데도 제자리에서 맴도는 꿈은 사업이나 하는 일이 순조롭지 못하여 불만만 가득히 쌓이게 된다.

○ 물에 빠진 사람을 구해서 함께 헤엄쳐 나온 꿈은 주어진 일

에 열심히 하지만 아무런 보람을 못 느낀다.

【술(酒)】

술은 평소 본인의 태도여하에 따라서 그 뜻하는 의미가 달라진다. 현실 생활에서 만족할 수 없는 일이나 불쾌한 일들을 암시하는데, 미성년자나 여성에게 있어서 술을 마시는 것은 도덕적으로 용서 받을 수 없는 쾌락을 추구하고 있는 것이 된다. 또한 그 도덕성을 파괴하려고 하는 뜻도 표현하고 있다.

○ 술에 취해서 누물이나 구덩이로 빠지는 꿈은 자신을 미워할 사람이 나타나거나 모함하는 사람이 있게 된다. 또한 멀지않아 재판 받을 일이 생기기도 한다.

○ 술을 마시고 신나게 노는 꿈은 병을 얻을 징조이다. 그리고 또한 남과 논쟁을 벌이는 일이 있기도 하다.

○ 술에 취해서 길 위에 눕는 꿈은 신임했던 사람이 배신을 하거나 다른 사람의 계략에 말려드는 일이 있다. 또한 남과 다투면 고통이 따르는 수 이니 조심을 해야한다.

○ 술에 취해 쓰러지는 꿈은 건강이 나빠질 것을 암시하는 것이니 자신의 건강관리에 신경을 써야한다.

○ 술잔이나 찻잔 같은 것이 깨어져 보이는 꿈은 타인의 눈을 의식하지 않고 자신의 생각대로 밀고 나감을 뜻한다. 또한 귀찮은 일에서 벗어나 자유롭고 싶다는 잠재의식을 상징하기도 한다.

○ 많은 사람들과 연회하는 꿈은 뜻하지 않은 사람과 인연이 닿게되며 생활이 점점 윤택해져서 부귀를 누릴 수 있다.

○ 잔칫집에서 술에 취해 쓰러지는 꿈은 계획한 일이 뜻대로 되지 않고 연인과 다투는 일이 있거나 걱정거리가 생기기도 한다.

○ 시장에서 술을 마시며 놀고 있는 꿈은 모든 일에 재수가 있고 특히 사업이 번창한다. 그러나 경솔하게 행동해서는 실패하기 쉬우므로 항상 성실하게 움직여야 한다.

○ 시장에서 아는 사람을 만나 술을 마시는 꿈은 올바른 행동을 가짐으로 인해 많은 사람들로부터 칭송을 받거나 기쁜 일이 생길 수 이다.

○ 남에게 술을 주는 꿈은 좋지 않은 일로 많은 사람의 입에 오르내리게 되고 여자에게 모욕을 당하기도 한다. 그러나 남에게 초청을 받아서 술을 대접받으면 장수를 누린다고 한다.

○ 다른 사람과 함께 술을 마셨는데 자기 혼자만 취해서 쓰러지는 꿈은 신임을 하고 있던 사람에게 배반을 당하거나 아니면 속임을 당하기도 하고 또한 병을 얻기도 한다.

【숲(林)】
숲은 관청이나 기업체, 공장, 백화점, 병원, 학원 등을 상징한다.

○ 숲속의 개울에서 물고기를 잡는 꿈은 계획하고 있는 일을 추진하여 성과를 얻는다.

○ 산에 숲이 우거져 보인 꿈은 방어태세가 완벽함을 상징하는 것이다.

○ 숲속에서 꽃을 꺾어든 꿈은 어떤 기관에서 자기를 남앞에 내세우는 일이 생긴다.

○ 숲속을 걷는 꿈은 사업, 학원, 연구 등을 상징한다.

○ 밀림속을 헤매는 꿈은 질병에 걸리거나 하고 있는 일이 난관에 부딪칠 수가 있다.

○ 숲속에 냇물이 흐르는 것을 보면 사업, 학문 등이 순조롭게 이루어지는 길몽이다.

○ 나무를 베고 숲을 개간한 꿈은 묵은 것을 버리고 새로운 것

을 개척하게 된다.
○ 산에 서있는 나무가 허술하게 보인 꿈은 방어태세가 완벽하
  지 못함을 의미한다.
○ 숲속을 걸어들어간 꿈은 견학, 독서 등을 표현하는 것이다.
○ 숲속에서 거목을 베어 껍질을 벗긴 꿈은 어떤 단체에서 대
  의원 같은 것에 출마할 추천을 받게 된다.
○ 망령이 손을 잡고 숲속으로 끌어 들이는 꿈은 교양 서적을
  읽거나 아니면 다방면으로 아는 사람을 소개받게 된다.

【스님(僧)】

꿈속의 스님은 여승과 똑같은 금욕의 상징이기도 하다.
○ 꿈에서 스님이 된 것은 모든일에 다 좋고 병이 낫는다는 징
  조이기도 하다.
○ 스님에게 경문을 배우는 꿈은 만사에 유덕한 대길의 꿈이
  된다.
○ 스님이 와서 독경을 하는 꿈은 병이나 근심이 있기 쉽다.
○ 꿈에서 늙은 스님이나 백발 노인을 보면 출세하고 근심이
  없어진다.

【시체 · 무덤】

시체는 비밀을 뜻한다. 이는 꿈속에서 자신이 죽인 것이든 아니든간
에 시체는 숨기지 않으면 안되는 것으로 표현된다.
○ 친척의 산소를 가거나 멀리 바라보고 있는 꿈은 가까운 시
  일내에 간접적인 협조자나 또는 협조기관을 만나 하는일에
  새로운 활기를 띠게 된다.
○ 무덤의 분상이 크고 묘역이 넓으며 아름답게 보이는 꿈은
  권력자나 또는 세력가와 관계할 일이 있게 된다.

○ 시체를 걸머지고 오는 꿈은 어떤 일들이 잘 성사되어 재물
   이 생기게 된다.
○ 시체를 무덤에 묻는 꿈은 재물의 보관이나 일거리를 기관이
   나 회사로부터 청탁받게 된다.
○ 시체가 무서워서 도망치는 꿈은 어떤 이권이 자기에게 주어
   지나 그것을 소유하지 못하고 포기하게 된다.
○ 방안에 시체가 여러구 있는 꿈은 큰 부자가 되거나 많은 제
   품을 만들어서 크게 성공하는 수가 있다.
○ 시체가 썩은 물이 냇물처럼 흐르는 것을 본 꿈은 막대한 돈
   을 벌거나 어떤 작품으로 사상적 감화를 받게 된다.
○ 공동 묘지에서 자기집의 무덤을 찾지 못하는 꿈은 주변에서
   자기를 도와줄 사람이 아무도 없음을 뜻한다.
○ 공동 묘지를 없애고 집터를 닦는 꿈은 구습이 사라지고 기
   성세대가 무너진다는 징조이다.
○ 시체를 홑이불로 덮어 씌운 꿈은 성취된 일이나 모아진 재
   물이 오래도록 보존된다.
○ 시체를 길가에 내놓은 꿈은 어떤 일의 결과를 세상에 널리
   발표할 여건이 조성된다.
○ 자기가 죽인 시체를 땅에 묻는 꿈은 어떤 사건을 깨끗이 처
   리하거나 비밀에 붙일 일이 있게 된다.
○ 관뚜껑이 열려져서 그 안의 시체가 보인 꿈은 성취된 일이
   세상에 널리 공개된다.
○ 시체 썩은 냄새를 맡는 꿈은 어떤 일이 성사되어 재물을 얻
   게 된다.
○ 제사를 지내면서 축문을 읽거나 찬송을 부르는 꿈은 선전,
   광고 등의 일을 하게 된다.
○ 시체 앞에서 우는 꿈은 성과가 좋아서 기뻐할 일과 연관이

있다.

○ 남의 집에 초상난 것을 본 꿈은 어떤 집에 결혼이나 경사스러운 소식을 듣게 된다.

○ 장송곡이 장내에 울려 퍼지는 꿈은 어떤 일이 성사되어 각서 같은 것을 작성하고 낭독하는 일과 관계가 있다.

○ 자식이나 조카가 죽은 시체를 관속에 넣고 들여다보고 있는 꿈은 애착을 가지고 성사시킨 제품이나 일거리를 세상에 공개하여 크게 만족하고 기뻐한다.

○ 유리관에 든 시체를 본 꿈은 간접적인 경로를 통하여 재물이나 사업의 성과를 얻게 된다.

○ 햇빛이 무덤에 비치는 꿈은 지위가 높아지거나 재혼할 일이 있게 된다.

○ 무덤속에서 광채가 비치면 명예로운 일이 어떤 기관을 통해서 이루어진다.

○ 무덤에서 피가 흐르는 것을 본 꿈은 종교를 통해서 정신적 감화를 받는다.

○ 시체가 되살아나는 꿈은 마무리되어 가던 일이 수포로 돌아가며 사업자금을 되돌려 주게 된다.

○ 시체에 절을 하면서 우는 꿈은 유산을 상속 받는다.

○ 관속에 들어있는 시체가 살이 없고 뼈만 보이는 꿈은 작품이나 기사거리가 당국에 의해 골자만 소개 된다.

○ 죽은 시체에서 물품을 빼내어 가지는 꿈은 어떤 일을 성취한후 물적 증거를 가지게 된다.

○ 제사상의 술을 퇴주(退酒)하는 꿈은 청탁한 일이 취소되거나 아니면 거의 마무리 단계에 있음을 의미하는 양면성을 지닌다.

○ 제사상에 술을 부어 잔을 올리는 꿈은 어떤 기관에 청탁한

일이 수월하게 잘 성취된다.

○ 조위금을 내는 꿈은 어떤 기관에 청원서를 내거나 청탁할 일이 생기게 된다.

○ 비석의 비문이나 비각을 보는 꿈은 남의 서적을 번역하거나 업적을 연구하고 찬양할 일과 연관이 있다.

○ 시체를 아무렇게나 가매장하는 꿈은 일거리, 사건 또는 재물을 감출 일과 연관이 생긴다.

○ 집에 초상이 나서 상여를 가져오는 꿈은 소원이나 사업이 크게 성취되어 소문이 높이 난다.

○ 대개 무덤은 협조기관, 협조자, 은행, 학원, 사업체 등을 상징한다.

○ 묘가 높게 솟아있는 꿈은 고급 관리나 기업가를 접할 일과 관계가 생긴다.

○ 무덤에 불이나는 꿈은 사업이 크게 발전하고 번창한다.

○ 무덤 옆에 상여나 정자가 있는 꿈은 큰 인물이 태어나서 장차 세상에 명예와 영광을 한껏 과시할 일과 관계가 있다.

○ 아버지나 삼촌의 무덤을 보는 꿈은 인접 회사와의 거래에 직간접적인 협조자가 있음을 의미한다.

○ 무덤위에 꽃이 핀 꿈은 운수가 대통하여 만사가 형통하고, 무덤위에 불길이 일어나면 재운이 대통하여 재물을 얻는다.

【시험】

시험은 자신의 사업에 대한 능력이나 이성과의 관계에 대한 불안을 표현한다. 시험이 지체된다든가 어느사이에 흐지부지되어 있는 꿈은 자신의 능력을 시험당하고 싶지 않거나 또는 무능함을 인정하고 싶지 않다는 기분의 표현이다. 시험의 합격발표 장소가 마음에 들지않을 경우가 많은데 이는 어떤 열등감의 표현으로 본다. 시험의 꿈이

162

빈번하면 사업에 대한 적성이나 이성관계를 한 번 더 검토해볼 필요가 있다는 표현이기도 하다.

○ 시험관에게 글을 지어 바치는 꿈은 어떤 사람에게 청원할 일이 생기거나 자기의 사상을 시험당하게 된다.

○ 글씨를 쓰거나 글을 짓는 꿈은 자기의 사상이나 이념 또는 진실을 남에게 알리는 일과 연관이 있다.

○ 글씨를 잘 썼다고 칭찬을 받는 꿈은 보통 사람에게는 우월감을 갖게 해줄 일이 생긴다.

○ 남에게 필기 도구를 주는 꿈은 자기가 하던 일을 남에게 빼앗기거나 또는 남으로 하여금 자기 일을 돕게하는 양면성을 표현한다.

○ 손에 필기구를 쥐고 있는 꿈은 평소 마음 먹고 있던 사업계획이 순탄하게 진행 될 것이다.

○ 시험시간에 지각하는 꿈은 시험 점수가 합격선에 미달됨을 암시한다.

○ 답안지를 쓰려는데 필기구가 없어 당황하는 꿈은 공개시험이나 취직 등의 면접에서 합격하기가 어렵다.

○ 시험 과정에서 커닝을 한 꿈은 시험에 합격한다.

○ 시험과 무관한 사람이 시험을 보는 꿈은 자기의 계획한 일이나 소망, 취직 등과 연관이 있다.

○ 구두 시험을 보는 꿈은 상대방과 사업상의 대화, 논쟁 등 말싸움을 벌릴 일이 생긴다.

○ 합격자의 수험번호나 제 이름이 뚜렷이 밝혀지는 꿈은 시험에 무난히 합격한다.

○ 붓대가 꺾어지거나 펜촉이 빠지는 꿈은 시험, 진정서, 연애편지, 문예작품 등에서 좌절을 맛본다.

○ 답안지가 구겨지거나 더럽혀져 있는 꿈은 하는 일이 미숙하

여 합격을 못한다.

○ 누구한테서 많은 백지를 얻는 꿈은 연구, 사무, 면학 등의 과제가 많이 주어진다.

○ 학생의 꿈에 필기 도구를 얻거나 사는 꿈은 성적이 우수해질수 있는 방안을 얻게 된다.

○ 친구나 애인으로부터 노트를 빌려오는 꿈은 애정, 약속, 우정 등이 이루어진다.

○ 답안지를 작성하고 나오는 꿈은 이직 또는 전근이 이루어진다.

○ 문제지를 풀지 못한 꿈은 어떤 해결할 수 없는 문제로 기인하여 고통을 받게 된다.

○ 답안지를 시험관 앞에서 작성하는 꿈은 상대방에게 사상을 시험당하거나 어떤 소청의 일이 생기게 된다.

○ 시험에 떨어져서 부모에게 크게 혼나고 우는 꿈은 무사히 시험에 합격한다.

○ 합격자의 명단 첫머리에 이름이 있거나 따로 적혀 있는 꿈은 수석합격 또는 2차 시험에 합격한다.

○ 불합격이 되어 몹시 울거나 집으로 돌아오다 잠이 깬 꿈은 우수한 성적으로 합격한다.

【신령(神靈)】

신령은 만능의 상징이다. 이는 무엇이나 자기 생각대로 할 수 있다면 하고 생각하는 것을 의미한다. 신이 되어 자기의 불만이나 결함을 해소시키고 욕망을 충족하려고 하는 것이다. 만능에 대한 동경은 누구나가 마음 한 구석에 품고 있는 유아적인 소망이다.

○ 조상이 집에 왔다가 사라지는 꿈은 협조자가 나타났다가 사라진다.

○ 오래된 성이나 절에 들어가는 꿈은 학문이나 연구에 몰두하

거나 입학, 취직 등이 이루어진다.

○ 신이 주는 약을 받아 먹는 꿈은 재물에 이권이 생기며 입학, 취직 등이 이루어진다.

○ 신령적인 존재와 악수를 하면서 그에게 무엇을 주고 받는 꿈은 명문교에 입학하거나 자기의 논문이 통과된다는 징조이다.

○ 돌아가신 조상에게 음식을 대접하는 꿈은 취직, 입학, 진급 등이 이루어진다.

○ 유령이라고 생각되는 자에게 이끌려 산속으로 들어가는 꿈은 정신적인 문제나 연구에 몰두하거나 입학, 취직 등이 이루어진다.

○ 조상의 누군가가 자기의 머리를 쓰다듬은 꿈은 병에 걸리거나 어떤 위험에 직면한다는 암시이기도 하다.

○ 도깨비, 유령, 귀신 등은 악한, 벅찬 일거리, 질병 또는 정신적 산물을 상징하거나 표현한다.

○ 몽둥이로 귀신을 잡는 꿈은 정신적인 고민거리가 해소된다.

○ 억울하게 죽은 사람이 나타나는 꿈은 자기를 괴롭히는 심적 고통이나 병마를 상징한다.

○ 붉은색의 옷을 입은 귀신이 춤추는 것을 본 꿈은 불량배들로부터 봉변을 당하게 된다.

○ 잠깐 잠든 사이에 귀신의 얼굴을 본 꿈은, 잠을 자며 라디오에서 흘러나오는 웃음소리를 환상으로 유령같다고 판단한 것이라 본다.

○ 머리를 푼채 공중을 나며 자신의 머리채를 휘어잡는 유령은 정신병 내지 두통과 관계되는 병마의 상징이다.

○ 생전에 자기에게 잘 대해 준 누님을 본 꿈은 어떤 협조자를 만나게 된다.

○ 죽은 남편이나 아내는 자기일에 협조해 줄 사람, 형제, 자식

등을 상징한다.

○ 죽은 딸이 싫고 마귀라고 생각되는 꿈은 미운사람, 방해자 또는 병마 등을 상징하는 흉몽이다.

○ 원효 대사를 꿈속에서 보면 진리탐구자나 위대한 지도자와 상관하게 된다.

○ 역사적인 인물은 그 사람의 인격, 지위, 명예, 권세, 업적 등과 유사한 일을 상기시키는 어떤 사람과 동일시 하는 것이다.

○ 부처님은 학자, 은인, 위대한 사람, 고승, 법사 또는 성직자를 상징한다.

○ 약수터에서 부처상이 양각되어 있는 것을 본 꿈은 어떤 사람이 저술한 서적의 저자 사진과 출판사를 예시한 것이다.

○ 금불상을 얻는 꿈은 지휘권, 명예, 권리, 감동적인 서적, 재물 등을 얻게 된다.

○ 선녀와 육체적 관계를 맺은 꿈은 명예로운 일이 성취된다.

○ 선녀는 중매인, 비서, 학자, 제자, 배우, 여류작가 등과 동일시 한다.

○ 신선과 바둑이나 장기를 두는 꿈은 학문이나 또는 사업상 시비를 가릴 일이 있게 된다.

○ 우상이나 신에게 재물을 바치는 꿈은 권력자에게 어떤 일거리를 청탁할 일이 있게 된다.

○ 선녀와 혼인하는 꿈은 훌륭한 사람을 만나거나 바라던 계약이 성립 된다는 표상이다.

○ 관음보살상을 얻는 꿈은 훌륭한 작품이나 학위, 명예 등을 얻게 된다.

○ 고령자나 또는 중병환자가 천사를 따라가는 꿈은 죽음이 임박해 있음을 의미한다.

○ 천사는 고급관리, 전도사 또는 성가대 등을 상징한다.

○ 천사가 자기를 하느님에게 데려가는 꿈은 고위관리직에 취직하게 된다.

○ 극락세계, 지옥, 천당, 명부, 상계, 하계 등은 모두가 자기의 관념적 표상이다.

○ 산신령은 학원장, 기관장 등과 동일시하며 또한 하나의 자아를 의미 한다.

○ 춤을 추고 있는 선녀를 본 꿈은 상급자가 자기를 공박하는 일이 생긴다.

○ 불상의 꿈은 위대한 사람이 남긴 업적 등의 상징이다.

○ 산신령이 위험을 경고하는 꿈은 자기 아닌 또 하나의 자아가 나타나서 예언하는 것이 된다.

○ 성모 마리아상이 자신에게 빛을 비추거나 후광을 나타내는 꿈은 자신의 신앙에 깨달음이 있거나 어떤 사람의 위대한 업적을 보게 된다.

○ 석상이나 동상은 어떤 사람의 업적 또는 사진, 프로필, 사업체 등을 상징한다.

○ 석가모니 불상 좌우에 늘어선 많은 여래상은 어떤 단체의 리더와 부하, 제자 등을 상징한다.

○ 좌선하고 있는 석가모니를 본 꿈은 학자나 학문연구에 몰두하는 것을 보게 된다.

○ 성모 마리아는 은혜롭고 자애로운 어떤 사람, 어머니, 애인, 지도자, 위대한 학자 등을 상징한다.

○ 예수의 초상화나 조각상은 성경같은 진리의 서적이나 옛 성인의 위대한 업적을 상징한다.

○ 찬란한 의상을 입은 예수가 나타나는 꿈은 국가나 사회적으로 위대한 지도자가 나타나게 된다.

○ 예수가 자신에게 영세물을 입에 넣어주는 꿈은 입학, 취직

등과 관계 된다.

○ 움직이는 성모 마리아는 인자한 지도자, 은혜로운 협조자, 예언자 등을 상징한다.

○ 교회에서 예수가 나타난 것을 본 꿈은 훌륭한 성직자를 만나게 된다.

○ 걸어가는 예수의 뒷모습을 본 꿈은 자기의 청원이 이루어지며 명예로운 일이 성취된다.

○ 꿈속에서 하나님은 진리, 양심, 우주법칙, 대자연의 섭리 등의 관념적인 대상이 된다.

○ 천당에서 하나님을 대하는 꿈은 통치자, 성직자, 부처 등을 보게되고 진리의 서적, 성경이나 불경을 연구하게 된다.

○ 하나님의 말씀이 하늘에서 들리는 꿈은 국가나 사회적인 고발을 자기가 아닌 또 하나의 자아가 대신하는 것이다.

○ 천당에 보내달라고 하나님께 비는 꿈은 승진과 관계되며 또한 혼인과도 연관성이 있다.

○ 교인이 하나님에게 기도하는 꿈은 신부에게 고해할 일이 있으며 어떤 협조자의 도움을 받는다.

○ 명산 대찰에 참배하는 꿈은 자손이 번창하고, 신불전에 절하는 꿈은 입신양명하는 좋은 징조이다.

【싸움】

싸움은 성적인 교섭에 대한 원망을 뜻하며 이는 쌍방이 함께 비교적 심하게 흥분하고 있는 것이 보통이다. 그만큼 성적인 의미가 강한것을 뜻한다. 싸움하는 꿈에서 상대를 때려 눕히고 후회하기도 하고 자책감에 젖기도 하는 것은, 임신에 관해서 무엇인가 걱정하고 있다는 표현이기도 하다.

○ 주먹으로 사람을 때리면 부부가 서로 원망하고, 미혼자이면 결혼을 하며, 남과 다투면 친근한 사람과 이별을 하게된다.

○ 사람을 때려죽이는 꿈은 대길하며 크게 부귀할 징조를 표현하는 것이다.

○ 사람에게 살해를 당해도 대길하다고 본다.

○ 남과 서로 때리고 싸우면 인덕이 있고 재물을 얻는다.

○ 상대방이 자기를 공격하는 순간에 잠이 깨면, 현실에서 구타를 당하거나 공박을 당하고 또한 병을 얻기도 한다.

○ 두 사람이 서로 싸울 태세를 갖추는 꿈은 피차간 서로 싸우거나 비난, 욕설, 언쟁 등이 생기게 된다.

○ 상대방과 치고 받고 때리는 꿈은 피차간 언쟁을 하거나 양단간에 절연할 일이 있게 된다.

○ 집단 구타를 당하는 꿈은 여러사람이 자기의 일이나 사업의 성과에 대하여 여러가지로 평가를 하게 된다.

○ 매를 맞아 상해를 입는 꿈은 자신의 일이 남의 평가를 받아 공인된 업적을 남기거나 아니면 정신적, 물질적 손실을 입게 된다.

○ 자기가 상대방으로부터 폭행을 당하는 꿈은 남이 자기 일에 대해서 혹평을 하거나 공박 또는 비난을 한다.

○ 상대방을 때리는 꿈은 상대방이나 그의 하는일, 작품 같은 것에 공박이나 비평, 시비를 가할 일이 생긴다.

○ 칼춤 추는 것을 본 꿈은 어떤 자가 자기일에 시비를 하거나 비평, 도전을 해올 일이 있게 된다.

○ 상대방과 칼싸움을 하는 꿈은 언쟁, 논쟁, 시비, 경쟁 등의 일이 생긴다.

○ 자기에게 총구를 겨누며 위협을 하는 꿈은 고통, 득병, 교통사고, 불안 등의 일이 있게 된다.

○ 지팡이로 상대방을 때리는 꿈은 협조자나 권력자 등의 힘을 빌어 상대방을 시비, 탄핵, 평가할 일이 생긴다.

○ 여자에게 두들겨 맞는 꿈은 흉몽이니 각별히 조심해야 한다.

○ 남에게 매를 실컷 얻어 맞으면 힘을 얻고 심장이 강해진다.

○ 형제가 서로 때리는 꿈은 길몽이니 안심하라.

○ 자기가 여자를 때리는 꿈은 흉몽이니 조심해야 한다.

○ 따라오는 여자를 밀어서 넘어지게 한 꿈은 어떤 교활한 친구를 설득하여 자기의 의사에 따르게할 일이 있게 된다.

○ 손에 몽둥이나 무기같은 것을 잡고 남을 공격하는 꿈은, 협조자가 나타나거나 어떤 타개 방책이 도출되어 일을 추진하게 된다.

○ 상대방을 무자비하게 공격하는 꿈은 어떤 추궁을 당하던 일이 무난하게 타개 된다.

○ 상대방에게 호통을 치는 꿈은 상대방에게 심적 타격을 주고 복종을 하도록 굴복시킨다.

○ 친구가 자기에게 충고하는 꿈은 양심의 가책을 받거나 억울한 일이 생기게 된다.

○ 상대방과 서로 언쟁을 하는 꿈은 어떤 시비거리가 발생하거나 하는 일에 어떤 불만이 생기게 된다.

【안개】

안개나 아지랑이와 같은 공중에 끼는 연기 등의 꿈은 어느것이나 자신이 분명하게 인정하고 싶지않은 바람이 싹터오고 있는 것을 암시하고 있다.

○ 안개가 자욱하고 구름이 밀려와서 사방이 어두워지는 꿈은 속히 서둘러 기회를 잡으면 이익이 있으나 또 한편 병이 생기거나 실패할 수도 따르는 양면성을 지니기도 한다.

○ 누런 구름이 산머리에서 올라오는 꿈은 사철 어느 때라도 다 길하다.

【야채】

야채중에서 당근, 무, 파와 같은 가늘고 긴 모양의 것은 남성을 상징하고 양배추, 토마토, 수박 등과 같이 둥근 것은 여성을 상징한다. 야채가게에 물건을 사러가는 것은 성적 호기심의 표현으로 본다. 성적으로 만족하고 있는 사람은 당근과 양배추를 한데 섞어서 사고, 성적으로 굶주리고 있는 여성은 당근과 무만을 사서 보인다고 한다.

○ 채소를 좋은 것으로 고른 꿈은 연구, 사업, 재물 등에 이득이 생긴다.

○ 해초류를 바다에서 건져온 꿈은 어떤 단체에서 재물과 관계되는 일로 시비가 생긴다.

○ 물에 떠있는 시든 배추를 건진 꿈은 집안에 불길한 일이 생길 수이다.

○ 마른 풀밭을 본 꿈은 일의 성과를 올리는데 가장 적합한 시기임을 표현함이다.

○ 고추가 집마당에 널려 있는 꿈은 사업의 추진을 위하여 여러가지 계획을 다방면으로 수립하게 된다.

○ 무성하게 자라고 있는 채소류를 본 꿈은 혼담이나 계약같은 것이 이루어진다.

○ 밭에서 신선한 채소를 본 꿈은 남을 통해서 자기사업이 발전한다.

○ 채소밭에 꽃이 만발한 꿈은 사업의 성과, 작품 등을 통해서 경사스러운 일이 생긴다.

○ 뱀이 오이를 감고 있는 꿈은 배우자 이외에 다른 사람과 관계를 맺게 된다.

○ 미역국을 먹는 꿈은 입학, 취직, 청탁 등이 자기 뜻대로 잘 안된다.

○ 바구니에 붉은 고추를 가득 따온 꿈은 이것이 태몽이라면 사업, 작품 등에 관련이 있을 자손을 얻는다.

○ 수렁에 빠진후 풀에 감겨 나오지 못한 꿈은 자기가 하고싶은 일이 뜻대로 이루어지지 않는다.

○ 파릇파릇한 새싹들이 갑자기 동물로 변해서 커가고 있는 꿈은 경영하는 사업이 점차적으로 발전하고 번창한다.

○ 오이를 먹는 꿈은 남녀가 서로 관계를 맺게 된다.

○ 이끼가 긴 우물이나 연못의 꿈은 불성실한 사람을 멀리하려고 하는 표현이다.

○ 덩굴이나 덤불이 우거진 꿈은 하는 일이 뒤얽혀 진행 과정에서 시비가 생긴다.

○ 자극을 주는 조미료를 본 꿈은 재물, 학습교재, 자본 등을 표현한다.

○ 무나 파밭 근처에 배추밭이 있는 꿈은 미혼자가 있으면 혼담이 오고 간다.

○ 호박이 여기저기 많이 열린 꿈은 경영하는 사업의 성과를 표현함이다.

○ 밭에 풀이 많이 난 꿈은 미개척 분야, 작전지여, 방해적인 여건 등을 상징한다.

○ 채소밭에서 풀을 베는 꿈은 재물, 학과의 이수, 사업의 정리 등과 연관이 있다.

○ 무슨 과일이든 간에 과일을 먹는 꿈은 불미하다. 병자에게 해롭고 다툼이나 구설이 생긴다. 단, 가지를 먹어 보이면 혼담이 성립되거나 입신 출세를 한다.

【약(藥)】

약은 대부분 몸의 건강상태를 표현한다.

○ 약국에서 약을 구해온 꿈은 생계비를 유지할 일이 생기거나 어떤 약속이 이루어진다.

○ 의사가 약을 처방해서 준 꿈은 어떤 기관에서 임무를 부여받거나 업무처리에 시정을 요하는 지시를 받는다.

○ 약병이 사방에 흩어져 있는 꿈은 학문적 자료를 구하거나 생계비 유지를 위해서 애쓴다.

○ 폭약이라고 여겨지는 약을 받아 먹는 꿈은 자기의 실력을

충분히 발휘할 수 있는 직장을 얻게 된다.
○ 약을 먹고 전염병이 나는 꿈은 어떤 단체에서 이탈하게 되고 사업의 재정비를 요하게 된다.
○ 상자속에 가득찬 약병을 얻는 꿈은 음식을 포식할 정도로 얻어먹을 일이 생긴다.
○ 임금님이 내리는 사약을 받아먹고 자신이 죽는 꿈은 사회적으로 자신의 성실함을 인정 받는다.
○ 정신 분석학적 치료나 심리요법을 행한 꿈은 자기의 복잡한 심정을 남에게 털어 놓고 이야기를 하게된다.
○ 신령적인 존재가 약을 주거나 치료법을 알려준 꿈은 몸이 건강하지 못한 사람에게 점차적으로 회복이 있게 된다.
○ 산삼이 모자를 쓰고 산봉우리를 향해 우뚝 솟아 있는데 그곳을 둘러싸고 많은 사람들이 우러러 보는 꿈은, 이것이 태몽이라면 자선 사업을 할 자손을 얻는다.
○ 수삼이나 건삼을 많이 캐오거나 사온 꿈은 많은 재물이 생기고 여러 방면으로 좋은 제품이 생산 된다.
○ 인삼을 얻거나 본 꿈은 여러 방면으로 남의 이목을 한몸에 집중 받게 된다.

【어깨】

어깨는 세력, 영토, 책임, 지위, 권리, 능력 등을 상징하는 부위다.
○ 자기가 상대방에게 등을 돌리는 꿈은 상대방이 시키는대로 복종함을 뜻한다.
○ 어깨에 날개가 나는 꿈은 권세를 얻거나 출세를 하며 경영하는 사업에도 유리한 방도가 생긴다.
○ 양 어깨에 견장이 빛나고 있는 꿈은 권세와 명예 등을 과시하는데 이는 어떤 중책이 부여된다.

【어린이】

꿈속에서 3~4세부터 국민학생 정도까지의 어린이는 자신의 일로서 자기자신을 맹목적으로 사랑하며 자기만의 고독함을 뜻한다.

○ 여자 아이를 안아주는 꿈은 구설이 많고 불길하다.

○ 아이가 죽는 꿈을 꾸면 구설이 없어진다.

【얼굴】

얼굴은 대체로 여성기를 뜻한다. 얼굴은 언제나 숨기는 일이 없고 타인에게 보여지고 있는 것이기 때문에 이는 반대로 타인에게 보이지 않도록 숨길 필요가 있는 여성기를 뜻하는 것은 이상하게 보여지나, 꿈속에서는 이와같이 극에서 극으로 갈라진 사물의 한쪽이 다른 쪽을 뜻하는 일이 흔히 있다.

○ 얼굴과 얼굴이 겹쳐지는 꿈은 서로가 다른 상표의 선물을 받거나 집안의 가구 등을 옮기게 된다.

○ 자기의 얼굴은 물론 남의 얼굴까지도 검게 보이는 꿈은 평소 꺼려하던 사람과 만나거나 거래 등을 하게 된다.

○ 얼굴이 검은 아이를 본 꿈은 누구나 싫어하는 일을 떠맡게 된다.

○ 얼굴 부위를 치료하거나 수술을 한 꿈은 자신의 주위에서 무언가 옮겨지는 일을 행하게 된다. 즉, 문패를 새로 갈아 단다든가 방문을 다시 고쳐 단다든지 하는 등의 일을 하게 된다.

○ 얼굴 전체를 붕대로 감은 사람을 본 꿈은 누구에게 사기를 당하거나 불의의 사고를 당하게 된다.

○ 얼굴이 거울에 맑게 비치는 꿈은 예기치 않았던 사람을 만나거나 소식을 전해 듣게 된다.

○ 깨끗하게 세수를 한 꿈은 승진을 하거나 쌓였던 걱정거리가 없어지게 된다.

○ 얼굴의 한 부분을 수술하는 꿈은 관직에 있는 사람에 의해
  서 심문이나 고문을 받게 되는 수가 있다.
○ 얼굴에 주사를 맞는 꿈은 직장이나 집안일에 변화가 발생한
  다.
○ 얼굴에 부스럼이나 종기가 나는 꿈은 자신이 한 행동이나
  일들이 남의 입에 오르내려 구설수에 휘말리게 된다.
○ 얼굴을 가린 사람을 만난 꿈은 전혀 신분을 모르는 사람으
  로부터 폭언이나 폭행 등의 피해를 당한다.
○ 얼굴의 이마가 커보이는 꿈은 부귀를 얻을 수 이나 이마를
  상하게 되면 근심할 일이 생긴다.

【여행】

여행은 일생을 살아가는데 우연하게 닥쳐올 갖가지 곤란했던 일에
대한 불안을 표현한다.

○ 여행을 하는 도중에 많은 우여곡절을 겪은 꿈은 평소 원하
  던것이 이루어지거나 경영하던 사업이 크게 번창한다.
○ 차나 비행기, 배 등을 탄 꿈은 어떤 단체의 일원이 되어 보
  람있는 일을 하게 된다.
○ 어떤 형태로든 집을 떠나 여행을 한 꿈은 사업이나 직장의
  일, 대인관계 등의 일과 관계하게 된다.
○ 교통 수단을 이용했는데 사고를 당한 꿈은 주위 환경에서
  큰 변화가 발생하여 그 변화가 자신에게는 오히려 큰 이득을
  가져다 준다.
○ 여행중 머리에 벼락이 떨어지는 꿈을 자주꾸는 사람에게는
  흔히 간질병의 경향이 있고, 폭풍우를 만나는 꿈을 흔히 보
  는 사람은 노이로제의 경향이 있다.

【연못】

연못은 대체로 여성을 상징한다.

○ 동물이 연못으로 들어가는 꿈은 어떤 회사나 기관에 취직하거나 거래하던 일이 성사가 된다.

○ 연못이나 강물이 어는 꿈은 정신적 또는 물질적인 사업이 정체되며 취직관계도 잘 이룩되지 못한다.

○ 연못 가운데 연꽃이 피어 있는 꿈은 귀자를 얻는다. 만일 연꽃을 심는다면 남의 질투를 받을 수 이니 주의가 필요하다.

○ 연못에 물고기가 놀거나 꽃이 핀 것을 보면 아들을 얻는다.

○ 연못을 만들기 위해서 땅을 파는 꿈은 후회할 일이 생길 수 이다.

○ 연못에 빠진 꿈도 후회할 일이 생긴다.

○ 연못에 물이 많은 것을 보면 부귀하며 번창할 징조이다.

○ 연못에서 수영을 하는 꿈은 어떠한 혜택을 받아 경영하던 일이 잘 추진된다.

○ 연못이 말라 있는 꿈은 회사의 재정상태가 빈약해진다.

○ 연못에서 몸을 씻는데 기름 같은 것이 묻어 더 지저분해지는 꿈은 애써 일하지만 성과를 얻지 못한다.

○ 연못이나 바다 가운데에 무덤이 있는 꿈은 외무사원을 많이 거느리거나 해외에 영향을 주는 사업에 관계하게 된다.

【예술】

예술은 자신의 매력을 많은 사람에게 인정받고 싶어 하는 강한 과시욕을 의미한다. 연주회장에 청중이 조금도 들어가지 않는 꿈은 자신의 매력에 자신을 갖지 못하는 것을 뜻한다. 또한 악기의 소리가 잘 나지 않아도 자신이 없음을 표현함이다.

○ 연주회장에 청중이 입장하지 않는 꿈은 자신의 매력에 자신

을 갖지 못하는 것을 뜻한다.

○ 반주에 맞춰 노래한 꿈은 어떤 단체의 주도권을 잡고 리드
해 나간다.

○ 상쾌한 기분으로 노래하는 꿈은 자기를 남앞에 과시하거나
권세와 명예를 얻는다.

○ 피리를 부는 꿈은 상대방의 마음을 동요시키고 남을 부추겨
소문을 나게 한다.

○ 피아노를 힘있게 쳐서 멜로디가 울려퍼진 꿈은 자신이 소원
했던 일들이 충족되고 명성을 얻게 된다.

○ 남이 신음소리를 내고 비명을 지르는 모습이 무척 애처롭게
생각된 꿈은 다른 사람으로 인해서 마음이 언짢아진다.

○ 자신이 악기를 연주한 꿈은 어떤 일을 통해서 자신이 기대
한 만큼의 목적을 달성한다.

○ 낮은 언덕밑에서 노래하는 꿈은 부모에게 어떤 화근이 생길
수 이다.

○ 흑판에 악기를, 그리고 학생들을 가르치는 꿈은 어떤 새로운
계획을 작성하거나 고용인에게 어떤 일을 분담시킨다.

○ 연주를 하다가 중도에 악기의 줄이 끊어지면 하고있는 일이
중도에 실패되거나 연인들과 이별을 하게 된다.

○ 노랫소리가 계속 들려오는 꿈은 어떤 소문이나 작품이 계속
해서 널리 알려진다는 상징이다.

○ 남이 노래하는데 어울려서 북을 치며 장단을 맞추는 꿈은
남이 주장하는 것을 반항없이 순순히 따르거나 대변자 역할
을 해준다.

○ 합창단에 소속되어 노래를 부르는 꿈은 공동성명이나 단체
모임 등에 가담할 일이 생긴다.

○ 남의 노랫소리를 듣는 꿈은 제3자가 자기에게 무엇을 호소

하거나 자신의 어떤 주장이 남에게 불쾌감을 안겨주기도 한다.

○ 피아노의 건반을 두드리자 소리가 난 꿈은 완고한 성격을 가진 사람의 마음을 움직여서 반응이 있게 만든다.

○ 자신이 나팔을 분 꿈은 상대방의 마음을 움직여서 권세나 명성을 떨치게 된다.

○ 소리가 가냘프고 크지 못한 꿈은 남과 사소한 일로 말다툼을 하거나 어떤 소문을 듣게된다.

○ 혼자서 노래를 부르는 꿈은 자기의 주장을 강력히 내세워 남의 마음을 동요시킨다.

○ 저명한 음악가나 인기가수와 함께 데이트를 한 꿈은 인기있는 직업을 갖거나 인기 작품을 쓰고 레코드판을 사서 인기가수의 노래를 듣는다.

○ 총성이나 짐승 또는 사람의 소리가 멀리서 들려온 꿈은 먼 곳에서 소식이 오거나, 아니면 하고있는 일이 쉽게 해결되지 않는다.

○ 행진곡을 연주하며 행진하는 군악대를 본 꿈은 어떤 단체나 회사의 선전 광고물을 보거나 자기가 하고 싶어 하는 일을 잘 추진해 나간다.

○ 음악소리에 도취되어 감격한 꿈은 정신적으로 남에게 도움을 받거나 선전 광고물에 매혹된다.

○ 합창단의 합창을 듣는 꿈은 어떤 단체가 압력, 선전 등을 가해서 마음의 혼란과 동요를 가져오게 한다.

○ 상대방이 흥겹게 춤추고 노래하는 것을 본 꿈은 상대방이 지상을 통해서 자기 주장을 내세워 공박하고 시비할 일이 생긴다.

○ 무당이 꽹과리를 치며 굿을 하는 꿈은 언론이나 출판사에서 대대적인 광고를 한다.

○ 노래를 하는데 반주가 안맞거나 가사를 잊어 부르지 못한 꿈은 어떤 청원이나 선전 등이 개인이나 단체에 의해서 승인되지 않는다.

○ 대중 앞에서 노래를 부르는 꿈은 자기의 상상을 피력하거나 선전, 호소를 하여 많은 사람들을 따르게 할 일이 생긴다.

○ 천지가 진동을 하면서 울려퍼지는 소리를 들은 꿈은 사회적으로 지위가 높아지고 소문에 시달리게 된다.

○ 악기를 연주하는 것을 남이 본 꿈은 애정을 표현하거나 자기 선전이나 종교적인 전도를 해온다.

○ 자신을 살려달라고 비명을 지르고 고함을 친 꿈은 자기의 신변이 남을 통해서 전달되거나 또는 고귀한 물건을 보고 감동하게 된다.

○ 현악기를 가진 꿈은 애인을 만나거나 협조자의 도움을 받을 수 있다.

○ 그림을 그리는데 자기 뜻대로 그려지지 않는 꿈은 계획이나 소원이 본인의 뜻대로 이루어지지 않는다.

○ 그림을 다른 사람이 보내온 꿈은 서적, 청첩장, 편지, 경고장 같은 것을 받게 된다.

○ 풍경화나 사생활을 그린 꿈은 어떤 사람의 가정사를 캐묻거나 소원, 사업, 혼담 같은 것을 결정할 일이 생긴다.

○ 사진기를 새것으로 구입한 꿈은 동업자의 도움을 받거나 연인을 만나게 된다.

○ 사진첩을 펼쳐본 꿈은 남의 사생활을 조사하거나 고전을 읽게 된다.

○ 사진을 찍으려 했는데 필름이 없어서 찍지 못한 꿈은 계획한 일들이 만에 하나 성사되는 것이 없다.

○ 필기 도구가 없어서 쩔쩔맨 꿈은 권력자의 지시대로 잘 움

직여진다.

○ 나체화를 보고 성충동을 일으킨 꿈은 어떤 사람의 신상문제
를 보게 되거나 남의 작품을 보고 마음이 불쾌해진다.

○ 남의 그림을 감상한 꿈은 남의 청원, 연애편지, 신용장 등을
읽거나 검토할 일이 생긴다.

○ 고적이나 풍경 사진을 찍는 꿈은 어떤 사건이나 업적을 기
록에 의해서 남겨 둔다.

○ 상상화를 그리는 꿈은 현재나 미래에 전혀 예기치 못한 일
을 묘사하게 된다.

○ 여러가지 그림이 담긴 사진첩을 넘겨보는 꿈은 어떤 사람을
추적하거나 도서목록, 이력서, 프로그램 같은 것을 보게된다.

○ 추상화를 그린 꿈은 어떤 계획을 추진해 나간다.

○ 풍경화 한폭을 감상한 꿈은 자기 소원이나 계획한 일을 그
한폭의 그림 내용에서 알 수 있다.

○ 인형이 말을 한 꿈은 자기의 사악한 마음을 올바르게 고쳐
사람의 도리를 행한다.

○ 서커스를 구경한 꿈은 선전, 광고, 잡지의 외설물 같은 것을
보게 된다.

○ 자신이 포즈를 취하고 사진을 찍는 꿈은 남이 자기의 신상
문제를 놓고 옳고 그름을 따진다.

○ 그림을 새로 구입한 꿈은 어떤 단체에서 자신의 성실함을
많은 사람들이 인정해 준다.

○ 나체 모델을 놓고 화가가 그림 그리는 것을 본 꿈은 상대방
의 심리 변화나 신상문제에 대해서 알고 싶어한다.

○ 애인이 다른 사람과 사진 찍는 것을 보면 상대방의 하고 있
는 일이 순리대로 잘 풀려 나간다.

○ 결혼 사진을 찍는 꿈은 어떤 단체의 공공이익을 위하여 서

로가 화합한다.

○ 자신이 카메라를 들고 다른 사람의 사진을 찍어준 꿈은 다른 사람의 행동거지를 유심히 보면서 일일이 체크를 하게된다.

○ 자신이 집안 사람들과 함께 사진을 찍는 꿈은 사업이나 계약 등의 일을 문서화 하거나 남에게 도움을 준다.

○ 유명한 배우가 입고 있던 의복을 받아 입은 꿈은 유명인사의 지도를 받거나 협조를 얻어 비슷한 일을 하게 된다.

○ 줄타기를 하다가 떨어져 죽는 것을 보면 어렵고 힘든 일이 어떤 기관을 통해서 수월하게 이루어진다.

○ 저명한 탤런트와 함께 데이트를 한 꿈은 인기인이 되거나 자기를 과시할 일이 생긴다.

○ 똑같은 화면이 영화 스크린에 여러번 비친 꿈은 신문이나 잡지에 같은 내용 또는 비슷한 내용의 기사가 실리게 된다.

○ 야외촬영을 하는데 많은 사람이 몰려 있는 꿈은 사업상 여러가지 보완하고 수정할 일이 많거나 관심을 갖는 사람이 많이 있게 된다.

【예절】

예절은 청원, 협력, 과시, 책임 같은 것을 의미한다.

○ 악수를 하면서 손을 여러번 흔드는 꿈은 흔드는 횟수만큼 계약상 보상할 일이 발생한다.

○ 악수를 하는 것은 개인 또는 단체적인 결연, 결혼, 협력 등의 일을 상징하는 표현이다.

○ 자기가 신랑이 되어 신부와 맞절을 하는 꿈은 동업자 또는 자기 일거리에 대해 상대방이 훼방을 놓는다.

○ 상대방에게 절하는 꿈은 상대방에게 무엇을 청탁하거나 청원할 일이 있게 된다.

○ 자기가 절을 했는데 상대방이 맞절을 하거나 고개를 흔드는 꿈은 자기의 청원이 거절을 당한다.

○ 상대방이 맞절대신 빙그레 웃는 꿈은 청원한 일에 대해서 불쾌감을 체험하게 된다.

○ 윗사람이 자기에게 절을 하는 꿈은 비록 상사라 할지라도 자기에게 청탁할 일이 있기 때문이다.

○ 국기에 대한 경례나 장교에 대한 거수 경례는 충성심을 나타낼 일과 관계가 있다.

○ 신(神) 또는 우상에게 절을 하는 꿈은 물질적인 유산을 상속 받거나 협조자에게 정중한 부탁을 하게 된다.

○ 상대방 손을 포개잡는 꿈은 제자, 연인, 결의 형제 등의 협조를 얻는다.

○ 상대방과 악수한 손이 차면 대화에 냉대를 받으며, 반대로 따뜻하게 온기를 느끼면 호의를 받는다.

○ 인사 형식의 키스는 상대방에게 어떤 맹세할 일이 있거나 복종할 일이 생긴다.

○ 쓰다듬는 것은 자위, 과시, 불만, 불쾌, 거세, 불안 등의 상징을 암시한다.

○ 누가 손을 잡아 자신을 끌어올려 주는 꿈은 상대방의 도움을 받아 어려움을 극복한다.

○ 위험에 처해있는 사람의 손을 잡아서 구해주는 꿈은 어떤 일이나 사람을 구해낸다. 그러나 그 사람의 과오에 대하여는 공동책임을 지게된다.

○ 안에 있는 사람의 손을 잡아 끌어내는 꿈은 강제적으로 상대방에게 공동책임을 지게 될 일이 발생한다.

○ 답례하는 상대방을 쳐다보는 꿈은 그에게 청탁하거나 보상 받을 일이 수포로 돌아간다.

○ 큰절을 하는 꿈은 일신상에 큰 변화를 바라거나 청원할 일
　이 생긴다.
○ 중환자가 큰절을 받는 꿈은 병이 악화되거나 멀지않아 죽는
　다고 한다.
○ 신(神) 또는 옛 성인에게 절하는 꿈은 어떤 권력층에 있는
　사람에게 청원을 하여 그 소원이 반드시 이루어진다.
○ 조상의 누군가에게 절을 하는 꿈은 집안이나 어떤 기관에서
　상속을 받거나 소청할 일과 관계가 있다.

【오락】

오락은 정신적 또는 물질적 재물과 작품, 일거리 등을 표현한다.

○ 화투를 치려다가 그냥 옆으로 밀어 놓는 꿈은 남이 청원한
　서류를 뒤로 미루는 일이 있다.
○ 방안에 화투가 여기저기에 흩어져 있는 꿈은 어떤 일을 마
　무리 짓지 못하고 심적 갈등을 겪는다.
○ 동갑나이의 사람과 장기를 둔 꿈은 자기와 동격이거나 상대
　가 될 만한 사람과 사업상 승부를 걸게된다.
○ 낚시도구를 얻은 꿈은 사람을 판단하는 방법과 일에 대한
　방도를 강구하게 된다.
○ 노름기구를 사용해서 돈을 잃거나 따는 꿈은 하고 있는 일
　의 흥망 성쇠를 판별하게 된다.
○ 등산장비를 준비하고 산을 정복한 꿈은 사회적 지위를 얻고
　또한 자기의 소원이 뜻과 같이 성취된다.
○ 상대방과 함께 화투를 친 꿈은 어떤 단체에서 시비가 생겨
　옥신각신할 일이 있다.
○ 자신이 술레가 되어 숨어있는 사람을 찾아다닌 꿈은 시험이
　나 잊어버린 일로 심적 고통을 겪게 된다.

○ 보물을 찾기 위해서 흙을 헤치다 해골이 나온 꿈은 자신의 성실함을 인정받거나 재물, 증서 같은 것을 얻게 된다.

○ 세계적으로 유명한 산위에서 행동한 꿈은 어떤 유명한 단체, 기업에서 자기의 능력을 마음껏 과시한다.

○ 장기를 두는데 옆에서 훈수를 하는 꿈은 남의 일을 옆에서 참견하거나 방해를 한다.

○ 바둑이나 장기를 두는 것을 본 꿈은 어떤 세력의 다툼이나 국제정세의 변화 등을 한눈에 보게 된다.

○ 추첨기를 돌려서 추첨표를 얻은 꿈은 어떤 기관에 청원을 하여 하는일이 자신의 뜻대로 이루어지도록 한다.

○ 높고 험한 산을 정복한 꿈은 자신이 하고 있는 일이 사회적으로 좋은 인정을 받는다.

○ 흰돌을 잡고 바둑을 두는 꿈은 처음부터 자기에게 유리한 쪽으로 치우쳐 있었으므로 쉽게 상대방을 공략할 수 있다.

○ 시골 노인들이 한꺼번에 몰려와 화투를 치자고 하는 꿈은 어떤 기관에 청탁한 일이 쉽게 해결되지 않는다.

○ 어린아이와 장기를 두면서 연령을 헤아린 꿈은 벅차고 고통스런 일거리와 남의 간섭을 받을 일이 생긴다.

○ 기계를 조작해서 노름을 한 꿈은 어떤 기관을 통해서 행운을 얻게 된다.

○ 화투장을 늘어놓고 패를 떼어보는 꿈은 소원 성취나 계획한 일에 대한 예지와 판단을 위해 심사 숙고를 하게 된다.

○ 국수급에 속하는 상수와 바둑을 두어 이긴 꿈은 최고의 세력이나 권리 등을 확보할 수 있다.

○ 보물찾기에서 보물을 찾지 못한 꿈은 취직, 진급, 시험, 당선 등에서 탈락된다.

【올라가다】

산에 올라가는 것도 나무에 올라가는 것도 하나같이 섹스에 대한 원망을 뜻한다.

○ 바위위에 올라가 보는 꿈은 길몽이며 재수가 있다. 그리고 잔돌을 손에 쥐고 장난하는 꿈은 여러 아들을 얻을 징조이다.

○ 큰나무에 올라가 보는 꿈은 지위가 향상되고 출세할 징조이다. 그러나 반대로 나무에서 떨어지거나 부상을 당하면 불길하니 범사에 조심을 해야한다.

○ 하늘이나 지붕위에 올라간 꿈은 부귀와 영화를 얻을 길몽이다.

【옷】

꿈속에서 어떤 옷을 입는가에 따라서 심리상태가 표현된다. 예를 들면 평소에 검은 옷을 잘 입지 않는 사람이 검은 옷을 입고 나타나는 것은 자신의 죽음에 대한 욕망과 다시 태어나 재출발하고 싶어 하는 원망의 표현이다.

○ 옷을 전부 벗어버리고 나체로 걸어다니는 꿈은 현직에서 물러나 의지할 곳이 없게 된다.

○ 잠옷을 새로 구입한 꿈은 배우자나 집 또는 직업이 새로워진다.

○ 하의를 새로 바꿔 입는 꿈은 직장의 아랫사람과 친분이 새로워진다.

○ 화려한 옷을 입고 거울속에 자기의 모습을 비춰보는 꿈은 연분이 있는 사람이나 협조자를 만나게 된다.

○ 여러벌의 옷을 벗어 벽에 걸어놓는 꿈은 취업할 곳이 여러군데 있음을 상징하는 것이다.

○ 유니폼을 입고 있는 꿈은 계약에 묶이거나 일거리나 작품 등이 계약을 맺게 한다.

○ 상대방이 흰옷을 입고있는 꿈은 자기의 주장을 잘 따르는 상대방임을 뜻한다.

○ 여자의 옷을 하나씩 벗겨나가는 꿈은 계약 사항이나 어떤 증거 같은 것을 자세히 검토해야할 일과 관계가 있다.

○ 웨딩드레스를 입고 결혼식장에 들어가는 꿈은 입학이나 계약 같은 것이 이루어진다.

○ 양말이나 스타킹 또는 버선 같은 것을 벗는 꿈은 협조자, 육친, 배우자, 자손 등과 우애가 없거나 한동안 작별할 일이 있게 된다.

○ 허리띠를 매는 꿈은 결혼, 결연, 규제, 입학, 계약, 과시 등의 일과 연관된 일이 생긴다.

○ 매고있던 허리띠가 끊어지는 꿈은 일의 청탁, 계약, 결연 등의 일이 허사가 된다.

○ 옷을 만들고 입는 꿈은 결혼, 작품, 결사, 계획 등이 마련된다.

○ 옷을 바늘로 기우고있는 꿈은 조직을 보완하거나 구성할 일과 관계한다.

○ 많은 사람이 흰옷을 입고있는 꿈은 자기에게 복종할 사람이 많거나 자기의 결백을 주장할 일이 있게 된다.

○ 검은 천으로 몸을 가리거나 덮는 꿈은 사망, 거세, 범죄 등을 상징한다.

○ 모자, 족두리, 면사포 등을 쓰고 거울에 비춰보는 꿈은 반가운 사람을 만나게 된다.

○ 속살이 훤하게 비치는 옷을 입고 돌아다니는 꿈은 자기의 신분이나 업적을 당분간 비밀로 간직할 일과 관계한다.

○ 상대방이 새빨간 옷을 입고있는 꿈은 상대방과 싸우거나 시비할 일이 발생한다.

【용(龍)】

용은 국가나 사회적으로 권세있고 명예를 가진 사람이나 출세한 사람 등과 동일시하며 기관, 단체, 세력, 사업체 등의 상징물이다.

○ 용이 구름속에서 큰소리를 내는 꿈은 사업이나 작품이 성공하여 세상이 놀랄만큼 큰소문이 난다.

○ 용이 대문안으로 들어오는 꿈은 귀인이 집에 들거나 취직을 하게된다.

○ 물속에서 잠자는 용을 본 꿈은 어떤 기관에서 보존하고 있는 희귀한 작품이나 보물을 보게 된다.

○ 용의 분장이나 조각을 본 꿈은 희귀한 물건, 고전 작품 등으로 그 업적이 길이 남는다.

○ 용을 헤치거나 꼼짝 못하게 붙잡는 꿈은 벅차고 힘든 일에서 뜻을 성취한다.

○ 큰뱀이 용이 되어 하늘로 오르는 것을 본 꿈은 평범한 연구성과가 크게 빛을 발하여 큰명예를 얻는다.

○ 불난집에서 용이 하늘로 오르는 것을 본 꿈은 사업이 번창하여 큰이득을 보게 된다.

○ 용에게 먹혔다 나와보니 온몸이 피투성이가 된 꿈을 꾼 그 사람이 복권에 일등으로 당첨된 일이 있다.

○ 용을 타고 하늘을 나는 꿈은 정치나 기관, 단체의 장이 되어 세인의 이목을 집중시킨다.

○ 용을 타고 산으로 들어가는 꿈은 관직에 오르거나 학업 또는 사업 등이 크게 형통한다.

○ 자기가 용으로 변하는 꿈은 큰세력을 잡거나 작품으로 명성을 떨친다.

○ 용이 공중에서 불을 뿜는 꿈은 문화사업으로 세상을 감화시킨다.

○ 용이 공중에서 떨어지는 꿈은 지위, 권세 등이 몰락한다.

○ 두 마리의 용이 서로 마주보고 접근하여 오는 꿈은 두 개의 세력단체가 대치한 가운데 서로 싸우는 것을 의미한다.

○ 달려드는 용을 총이나 칼 따위로 죽이는 꿈은 언론을 동원하여 상대방의 주장을 완전히 제압하고 승리를 한다.

○ 얻어다 놓은 한 그릇의 쌀이 알알이 용이 되어 승천하는 꿈은 자기가 이루고자 하는 소원을 이루게 된다.

○ 구름속에서 눈을 부라리던 용이 빗방울을 떨어뜨리는 꿈은 태아가 유산되기가 쉽다.

○ 승천하려는 용의 꼬리를 잡았다가 놓치는 꿈은 온갖 훼방을 이겨내고 출세할 사람과 인연을 맺게 된다.

○ 용이 바다에서 하늘로 승천하는 것을 본 꿈은 넓은 사회 기반으로 손쉽게 성공할 일과 관계한다.

○ 용이 하늘에서 담배를 피우는 꿈은 정치, 법령, 사상, 진리 등을 매스컴을 통해서 널리 세상에 알리고 사회풍토를 쇄신할 일이 생긴다.

○ 꿈에 용을 보면 대길하다. 입신 출세도 하고 임신한 부인은 반드시 귀한 자식을 낳는다. 특히 하늘로 오르는 것을 보면 가장 좋으며 만사가 형통하고 재산도 생기는 길몽중의 길몽이다.

【우물】

물이 솟아나오는 뜻으로서는 「샘」이 되고 깊은 구멍으로도 표현되기도 한다.

○ 우물물이 도도하게 넘쳐 흐르는 꿈은 대길하다. 집안이 흥왕하고 자손이 번창하며 좋은 인연과 재물을 얻을 수 있다.

○ 집안에 우물이 있는 꿈은 대길하며, 집안이 번창하고 여자가

반드시 출세하게 된다. 만일 그렇지 못하면 흉하고 아이가
병들기 쉽다.
○ 우물이나 냇물에 빠지는 꿈은 흉하며 생각지도 않은 손재가
발생하고 또한 수하사람에게 근심이 생기는 수도 있다.
○ 우물이 탁해 보이는 꿈은 신경 계통에 병들기가 쉽다. 특히
여색을 경계하는 것이 좋으리라.
○ 우물물이 말라버리는 꿈은 친인척간에 불목할 징조이니 조
심을 하라. 단, 부인이라면 무방하다.
○ 우물안에 내 몸이 비쳐지는 꿈은 관직을 얻게 되는 길몽이다.
○ 우물이 무너지는 꿈은 먼 곳에서 소식이 온다.
○ 우물에서 소리가 나는 것을 들여다보는 꿈은 구설수가 있다.
○ 술에 취해서 우물에 떨어지는 꿈은 관의 시비가 따르는 불
길한 흉몽이다.
○ 우물안에 숨는 꿈은 송사나 관형(官刑)의 액이 따르는 흉몽
이다.

【운동(運動)】
운동 경기는 정신적 갈등, 사업의 성패, 이념의 선택 등을 상징한다.
○ 야구 경기에서 홈런을 치는 꿈은 어떤 일에 크게 성공하여
명성을 떨치게 된다.
○ 자신의 구령(口令)에 맞춰 여러사람이 체조를 하는 꿈은 자
기의 지휘 능력이나 교화사업이 타인의 인정을 받고 잘 이루
어진다.
○ 학생들이 맨손체조 하는 것을 보는 꿈은 사업이나 학문적
선전에 적극 호응해 줄 사람이 나타난다는 징조이다.
○ 야구장이나 체육관, 운동장 같은 것은 사건 현장, 기관, 사업
장, 신문 잡지의 지면 등을 상징한다.

○ 마라톤에서 일등을 하는 꿈은 사업이나 진급에 행운이 따르는 길몽이다.

○ 마라톤 선수와 관련되는 꿈은 오랜 시간이 걸리고 많은 고민을 안고 있는 사업, 이념, 투쟁 등과 연관이 있다.

○ 자국 선수가 국제경기에서 이기는 꿈은 작품의 응모나 기타 사업의 주도권이 주어진다.

○ 경기장의 관중은 대중, 비평가, 경쟁자, 독자 등을 상징한다.

○ 선수는 인적자원, 이념, 설득력, 공격의 성향 등을 의미한다.

○ 우승기, 우승컵, 메달, 상금 등은 명예, 권세, 이권, 재물 등을 표현한다.

○ 투기는 투쟁적인 일, 공격의 성향, 사업의 성패 등을 표현하고 있다.

○ 운동 기구는 운동으로 상징되는 제반일에 대한 협조자, 협조기관, 심사기관 등을 의미한다.

○ 자신이 아닌 남이 일등으로 달리는 꿈은 제1차로 사업성과를 발표하게 된다.

○ 검도나 펜싱을 하는 꿈은 논쟁을 하는 일이 있게 된다.

○ 공을 주고 받는 꿈은 어떤 시비거리로 잘잘못을 가릴일이 생긴다.

○ 자신이 찬 공이 운동장 밖으로 나가는 꿈은 공로를 치하 받거나 능력을 과시하는 일이 생긴다.

【음식】

음식은 음식의 상태나 먹는 방법의 여하에 따라서 상징되는 의미가 각각 다르다. 이는 정신적, 물질적 자산이나 책임질 일거리, 대화, 독서 등을 의미한다.

○ 음식을 먹는 꿈은 어떤 일을 책임지고 수행하거나 권리를

주장하게 된다. 특히 누가 주는 음식은 좋은 음식이어야 자기에게 주어진 일거리가 좋다.

○ 음식점을 찾아 여기저기 기웃거리는 꿈은 취직처를 찾지 못하거나 성욕을 해소시킬 기회나 장소를 한동안 찾지 못한다.

○ 소반이나 쟁반에 음식을 차려 윗사람을 대접하는 꿈은 소원이나 입학, 취직 등이 원만하게 이루어진다.

○ 음식점에 들어가는 꿈은 취직, 연구 또는 회담의 장소 등과 연관된 일들이 생긴다.

○ 밥맛이 없거나 식사를 중단하는 꿈은 주어진 책임을 완수하지 못한다.

○ 밥이 없이 반찬만 놓여진 상을 받는 꿈은 주무적인 일을 책임지지 못하고 부수적인 일만 책임지게 된다.

○ 부엌에서 일하는 주방장은 회사의 재무부서나 계획부서에서 일하는 사람과 동일시 한다.

○ 야외에서 음식을 먹는 꿈은 공개적인 일이나 또는 외근에 한동안 종사하게 된다.

○ 남보다 크고 화려한 그릇에 담겨진 음식을 먹는 꿈은 직책, 권한 등이 남보다 우위임을 뜻한다.

○ 잘 차려진 잔칫상을 보는 꿈은 회의 안건이나 토론 내용이 좋은 것이 많음을 의미한다.

○ 음식을 남에게 대접하는 꿈은 상대를 설득하여 자기일을 맡아 해주도록 한다.

○ 큰시루에 가득한 떡을 혼자서 다먹어치우는 꿈은 장차 큰일을 맡아 성공적으로 수행한다는 징조이다.

○ 상하거나 부패한 음식을 먹는 꿈은 일의 헛수고나 불쾌한 일 등과 관계가 있다.

○ 음식물을 날것으로 먹는 꿈은 생소한 일을 감당하게 된다.

○ 떡을 먹는 꿈은 일거리, 지식, 재물 등을 얻게 된다.

○ 임금님이 내려주는 어주(御酒)를 마시는 꿈은 어떤 중책을 맡거나 명예 또는 권리가 주어진다.

○ 상대방과 나란히 앉아 식사를 하는 꿈은 의견의 일치를 보며 결혼, 사업, 계약 등의 일이 잘 이루어진다.

○ 청요리집에서 연인과 함께 음식을 먹는 꿈은 혼인문제나 또는 사업관계에 문제가 발생하여 중재를 요청하게 된다.

○ 꿈에서 본 잔칫집에 모인 사람들은 직원이나 친구, 회원 등과 동일시 한다.

○ 음식을 씹지 않고 그냥 마시거나 삼켜 버린 꿈은 일거리, 재물, 업적 등을 얻게 되며 또한 책임, 보류, 저축할 일 등을 상징한다.

○ 음식을 먹으려 하는데 갑자기 황금빛 대변으로 변하여 먹지 못한 꿈은 어떤일이 미종결된 상태에서 그것이 돈이 되거나 상품화될 것을 예시하는 길몽이다.

○ 음식을 대접 받는 꿈은 누군가가 시키는 일을 책임지게 된다.

○ 음식을 혼자서 먹는 꿈은 혼자서 어떤 일을 관여하게 된다.

○ 고기는 한점도 없고 국물만 받아 마시는 꿈은 다 해놓은 일에 참여하여 하찮은 이익을 배당받거나 꾐에 빠지기도 한다.

○ 미역국을 먹는 꿈은 시험에 떨어지거나 관여한 단체가 해산된다.

○ 우유를 마시는 꿈은 정신적 또는 물질적으로 책임질 일이 생기며 상의하는 일은 잘 추진된다.

○ 냉면을 먹는 꿈은 근심이나 걱정거리가 해소된다.

○ 조미료의 양이 과다하거나 과소함은 재물의 많고 적음을 뜻한다.

○ 소금을 얻어 오거나 사오는 꿈은 근심이나 걱정이 생긴다.

○ 들판에 산더미처럼 쌓인 소금을 본 꿈은 사회적인 사업을 벌이거나 또는 부채를 지게 된다.

○ 고추가루를 넣은 음식을 먹는 꿈은 정력적이고 자주적인 일에 종사하게 된다.

○ 고기 한 두근을 사오는 꿈은 하는일에 수익은 발생하나 그 소득은 그리 많지 못하다.

○ 찬거리를 부엌으로 많이 들여오는 꿈은 가까운 시일내에 사업자금이 마련된다.

○ 큰 우유나 통조림이 공중에 나타나 보이는 꿈은 학문적 성과를 세상에 과시하게 된다.

○ 음식의 맛이 너무 시다고 생각되면 맡은 일이 어디엔가 잘못됐다고 생각이 든다.

○ 많은 파나 마늘을 소유하는 꿈은 많은 사업자금이 형성된다.

○ 남이 주는 술을 받아 마시는 꿈은 정신적인 자극이나 감화를 받는 일과 관계한다.

○ 쨈이나 크림을 빵에 발라먹는 꿈은 어떤 일을 훌륭하게 마무리 한다.

○ 사탕이나 과자를 먹는 꿈은 소원을 충족시킬 일과 관계가 있다.

○ 우유를 아이에게 마시게 하는 꿈은 어떤 일에 대해서 자본을 투자하게 된다.

○ 고기조각을 입에 넣고 씹는 꿈은 어떤 답답한 일에 직면하게 된다.

○ 간장독에 간장이 넘어 주변에 고인 꿈은 대외적인 사업에 투자할 일이 생기며 넘쳐 흘러버리면 재물이 손해를 입게 된다.

○ 배추를 소금에 저린 꿈은 병이 들거나 사업의 침체 등을 가져온다.

【이불】

이불이나 침대는 수면의 욕구와 성적 만족을 얻고 싶다고 하는 원망의 쌍방을 다 함께 표현하고 있다. 예를 들면 이불이 더러워져있기 때문에 잘수가 없다고 하는 꿈은 남편에게 성적 불만을 가진 여성들이 때때로 꾸는 꿈이다.

○ 침상위에 피가 묻은 것을 보면 아내가 간통을 하거나 불길한 일이 생길 징조이다.

○ 담요나 이불 같은 것을 찢는 꿈은 불길하다.

○ 침구나 커텐 같은 것이 떨어지고 파괴되는 꿈은 처자가 병에 들까 염려되니 각별히 살피는게 좋다.

○ 담요나 이부자리 같은 것을 까는 꿈은 만사가 안온하게 평화롭다.

○ 침실에 깐 이부자리를 파괴하는 꿈은 관직을 잃고 실직 할 징조이므로 만사에 조심하라.

○ 침상이나 천정을 새로 설비하거나 교환하는 꿈은 좋은 배필을 얻거나 아니면 이사할 일이 생긴다.

○ 침상에 개미같은 잡벌레가 많이 모여드는 꿈은 흉하다.

○ 침상이나 방장 같은 것을 넓게 펴는 꿈은 부귀할 징조이며 술이 생긴다고도 한다. 그리고 침상 다리가 부러지는 꿈은 고용인에게 해롭다.

【입(치아·혀)】

꼭다문 입은 여성의 성기를 상징하고, 음식을 먹는 것은 권리를 얻으며 일거리를 감식 또는 음미하는 일을 상징한다. 치아는 가족, 일가, 친척, 직원, 권력, 조직 등을 의미한다.

○ 입으로 물건을 통째로 삼키는 꿈은 집안이나 또는 어느 기관에 무엇을 끌어들여 권리를 행사하게 된다.

○ 입이 큰사람을 본 꿈은 의욕이 왕성한 사람, 권력자, 거부 등을 상징한다.

○ 입속에 머리카락이 들어간 꿈은 집안에 환자가 발생하여 오랜 근심과 걱정을 하게 된다.

○ 입속에서 벌레가 나오는 꿈은 재난이 없어지고 행복해진다.

○ 입이 막히고 음식을 먹지 못하는 꿈은 급병에 걸릴 흉몽으로 본다. 만일 여자의 꿈에 이와같이 나타나면 구설이 따르게 된다.

○ 입안에 머리카락이 꽉차서 하나씩 뽑아내거나 뱉어내는 꿈은 집안에 환자가 발생하여 상당시일 고생을 한다.

○ 남의 이가 빠져 피가 나는 것을 본 꿈은 죽음, 거세, 퇴직, 일의 성취 등으로 자기에게 이득이 생긴다.

○ 이가 몽땅 빠져버리는 꿈은 조직 또는 사업 등을 경신할 일이 생기고 일부만 남으면 가문 또는 사업이 몰락한다.

○ 이가 부러지는 꿈은 역상, 질병, 계획의 좌절, 일의 종결 등과 연관이 있다.

○ 의치를 하여 빠진 이를 막는 꿈은 양자, 의형제, 직원들을 불러들인다. 그리고 의치가 황금빛으로 빛이나면 훌륭한 인재를 얻는다고 한다.

○ 어린이의 이가 다시 나는 것을 보면 소원, 충족, 사업의 번창 등 인적자원이나 식구가 늘어나는 수이다.

○ 덧니가 난 것을 거울에 비춰보는 꿈은 첩 또는 간부를 두거나 동업자가 생긴다.

○ 하나의 이가 빠지는 꿈은 동기나 친척간의 한 사람이 생이별을 하거나 죽고, 또한 나를 도와오던 협력자가 떠나가기도 한다.

○ 이가 때묻은 것처럼 누렇거나 검으면 집안이나 사업상에 근

심거리가 발생한다.

○ 자기의 혀가 갈라진 꿈은 집안이나 또는 기관에서 주도권을 상실한다.

○ 상대방이 혀를 길게 내민 꿈은 그 사람의 감언 이설에 속을 수 있다.

○ 여성의 음부속에서 혀가 나왔다 들어가는 것을 보면 어떤 생산 기관의 주모자가 과장된 자기 선전을 했다가 철회하는 수가 있다.

○ 남의 혀끝이 두 가닥으로 갈라진 것을 본 꿈은 거짓말을 잘하는 사람이거나 두 가지의 운영 방침을 가진 업체를 의미한다.

○ 이가 스스로 빠지는 꿈은 천재적인 예술가나 과학자 등의 사망 소식이 있거나 면직, 거세 등과 동일시 되는 일과 연관이 있다.

○ 뽑혀진 이가 마음에 걸려 허전하다고 생각되는 꿈은 고독을 면치 못한다.

○ 윗니가 빠지는 꿈은 윗사람이 사망할 징조이며, 아랫니가 빠지면 아랫사람. 어금니는 먼 친척, 앞니는 존속 또는 비속, 덧니는 사위나 양자의 죽음을 표현하는 것으로 본다.

○ 아픈이가 빠지는 꿈은 환자의 사망, 근심과 걱정의 해소, 질이 나쁜 고용인의 면직 등과 연관이 있다.

○ 어금니가 빠지고 피가 나지 않는 꿈은 부모상을 당할 징조이다.

○ 치아가 새로 나는 꿈은 장수를 한다고 한다.

○ 입이 커지는 꿈은 재물을 얻을수 이고, 입안에 털이 나 보이면 재수가 있으며 복록을 누린다.

【자동차】

자동차는 그 운전이 수월하지 아니하여 꿈속에서는 자신이 컨트롤할 수 없는 자기의 충동적인 욕망을 뜻하고 있다. 그러니까 자동차가 폭주하여 충돌하는 꿈같은 것은 심중에 충동적인 욕망과 그것을 억제하는 마음이 서로 싸우고 있음을 뜻한다. 그리고 자동차의 사고로 부상자가 나오는 꿈은 자신을 그 피해자로 내세워 자기의 욕망에 대한 책임을 회피하는 것이 보통이다. 이것이 점차로 쾌적한 드라이브로 변하면 순조로운 육체적. 정신적 성장을 달성하고 있다는 표현이기도 하다.

○ 자신이 타고있는 승용차가 수렁에 빠진 꿈은 경영하는 사업이 운영난에 빠져 허덕이게 된다.

○ 차바퀴에 펑크가 나서 고친 꿈은 하고 있는 일을 다시 한번 재검토 하게 된다.

○ 분뇨차가 와서 자기집 분뇨를 퍼간 꿈은 재물을 손실 당하거나 세금을 납부하게 된다.

○ 많은 사람이 차둘레에 몰려 있는 꿈은 어떤 기업체에 많은

사람이 청원하거나 시비가 있게 된다.

○ 차를 탄 채 하늘을 날으는 꿈은 자신이 하고 있는 사업에
  세인의 관심이 쏠려 번창하며 현실에 만족을 느낀다.

○ 기분이 좋아서 자가용을 운전하는 꿈은 어떤 기업체를 운영
  해 나가거나 지휘권을 행사하게 된다.

○ 버스에 서있다가 빈자리가 생겨서 앉은 꿈은 외근 관계직에
  서 내근을 맡게 되거나 완전한 책임을 부여 받게 된다.

○ 여러대의 자가용이 자기집 마당에 주차되어 있는 꿈은 사업
  상 많은 협조자가 있음을 표현하는 것이다.

○ 분뇨차가 냄새를 풍기면서 옆을 지나간 꿈은 어떤 기관에서
  좋지 않은 소문을 퍼트리거나 자기 신변에 관한 소문이 난다.

○ 차가 가버려서 승차를 하지 못한 꿈은 취직, 입학, 현상모집
  등에서 탈락하게 된다.

○ 차가 강물에 떠내려가 사라진 꿈은 어떤 강한 세력의 압력
  에 밀려 사업기반을 상실하게 된다.

○ 교통사고가 나서 죽거나 다친 것을 보면 자기와 밀접한 관
  계에 있는 사람에게 특의한 일이 생기게 된다.

○ 차앞이 대문 밖으로 향해 있는 꿈은 하고 있는 일이 계획성
  있게 조속히 잘 추진된다.

○ 버스를 운전사와 단둘이서 타고간 꿈은 어떤 단체의 대표가
  자기와 여러가지 일로 타협하게 된다.

○ 방안에 버스가 들어와 있는 꿈은 어떤 기관의 추대를 받거
  나 기관내에서 단체 항의에 부딪쳐 권세가 흔들리게 된다.

○ 차를 도중에서 탄 꿈은 직장에 취직 되거나 어떤 단체에 가
  입하게 된다.

○ 사이렌을 크게 울리며 소방차가 달리는 것을 보면 데모 사
  건으로 군대나 경찰이 동원되어 진압하는 일이 발생한다.

○ 나무사이로 검은 화물차가 달리거나 서있는 것을 보면 경비가 소홀한 틈을 타서 어떤 범죄 집단이 침범할 우려가 있다.

○ 고장이나 사고로 인해서 차가 멈춘 꿈은 어떤 계획한 일이나 모임 등이 좌절된다.

○ 차만 쳐다보고 타지 않는 꿈은 청탁한 기관이나 혼담자의 내부사정 등을 상세하게 알아볼 일이 생긴다.

○ 큰붓을 쥐고 차를 타고 가다 내린 꿈은 어떤 잡지사에 작품을 연재하거나 문학작품을 출판하게 된다.

○ 차에다 시체를 싣고 달린 꿈은 오랫동안 재운이 트이게 된다.

○ 검은 택시가 방으로 들어와 있는 꿈은 미혼자가 결혼을 서두르거나 또는 집안 사람 가운데 누가 사망하게 된다.

○ 강물에 차가 빠진 꿈은 어떤 일이나 소원의 결과가 큰 기업체에 흡수되거나 억압을 받게 된다.

○ 차바퀴의 대가 부러지는 꿈은 재산에 막대한 손실을 가져오는 흉몽이다.

○ 차를 탔는데 가지 않는 꿈은 구하는 바를 얻지 못하게 되고, 차를 타고 유람 다니는 꿈은 관직이 승진된다.

【전쟁】

전쟁은 자신의 가정 환경을 두려워하거나 형제들을 증오하는 뜻을 지닌다. 전쟁에서 적에게 습격을 당하여 집이 고립되면 특히 형제가 많을 경우 연상의 형제 때문에 권리가 압박당하는 것은 아닐까 하는 두려움을 뜻한다. 그리고 적에게 배후로부터 공격을 당하는 경우는 손아래 형제에 대한 경계심을 뜻하는 것이라 볼 수 있다. 이는 어느 것이나 가정내에서 자기만이 귀여움을 받고 싶다는 원망을 뜻하는데 전쟁의 꿈은 대개 남성에게 있다.

○ 죽은 사람의 몸에서 총이나 칼을 빼서 가지는 꿈은 계획한

일이 순조롭게 진행이 되지만 다른 곳에서 말썽이 생길 징조이다. 또한 자신이 바라고 있던 일을 성취시키는데 따른 위험 부담이 커서 어려움에 봉착하게 된다는 것을 암시해 주는 양면성을 지니기도 한다.

○ 전쟁터에서 적을 죽이기도 하고 자신이 죽음을 당하기도 하는 꿈은 자신의 노력이나 작품을 언젠가는 인정해 줄 날이 온다는 것을 암시한다. 이는 어려움을 극복하고 어떠한 일을 성취하게 되는데 다른 사람을 따돌리고 자신이 우승하는 수도 있다.

○ 전쟁터에 나아가 용감히 싸우다 부상을 당하는 꿈은 현실에서 다른 사람에게 추앙을 받게 된다. 그리고 매사에 적극성을 지니고 남이 감히 엄두를 내지 못하는 일도 손을 대어 성사시킨다. 따라서 이러한 꿈을 꾸게 되면 추진중에 있는 일이나 계획한 일에 대하여 과감히 밀고 나가는 것이 좋다. 혹 실패할 일도 성공으로 이끄는 운세를 예시해주고 있으므로 성공은 바로 눈앞에 다가와 있다.

○ 본인이 군대의 행진을 지휘하는 꿈은 좋은 일이 일어날 징조이다. 간혹 자신이 친구에게 사과할 일이 있으면 당첨이나 당선이 될 표현이기도 하다.

○ 여성이 큰칼을 지녔거나 가지고 있는 꿈은 하는 일마다 재수가 있고 웃음이 따른다. 특히 칼이 머리맡에 있는 꿈은 운수가 대통한다.

○ 도끼를 보는 꿈은 신임을 얻거나 중요한 일을 맡게 된다. 또한 형제, 자녀와 기쁨을 함께 나눌 일이 온다. 도끼를 얻는 꿈은 지위가 향상된다.

○ 칼이 물속으로 떨어지는 꿈은 가까운 사람이 죽음을 당하거나 훌륭한 인물이 세상을 뜨는 것을 본다. 특히 꿈에 긴 칼

이 나타나면 자신 때문에 다른 두 사람이 다투는 일이 있다. 또한 남이 나에게 칼을 주는 꿈은 승진이나 진급이 되는 징조이다. 대체적으로 칼에 관한 꿈은 길조(吉兆)가 많다.

○ 남하고 싸움을 하는 꿈은 어디를 가든 도움을 주는 사람이 있거나 존경할 만한 인물을 만나게 된다. 또한 돈이 들어오는 곳이 생기거나 선물을 받는 일이 있다.

○ 다른 사람이 나를 죽이는 꿈은 길몽이다. 재수가 좋으며 하는 일마다 경사가 있다. 또한 자신이 다른 사람을 때려서 죽이는 꿈은 매우 좋은 일이 일어날 징조로 부귀를 누리게 된다는 암시를 표현함이다.

○ 형제간에 서로 때리면서 싸우는 꿈은 우애가 돈독하고 좋은 일이 있게 된다. 다른 사람과 말다툼을 하는 꿈은 가깝게 지내던 사람이나 사랑하는 사람과 이별을 하는 수가 있다.

○ 여자에게 두들겨 맞는 꿈은 좋지 않은 일이 일어날 불길한 징조의 꿈으로, 망신 당하는 일이 생기거나 남과 다투는 일이 있다.

○ 전쟁터에서 자기가 총알이나 창검을 줍는 꿈은 현실적으로 무엇인가 진취적인 일이 일어난다. 그동안 부진했던 자기 사업이나 학업 등의 계획이 본격적으로 추진되어 어느 정도는 목표를 달성할 수 있음을 예시해 주고 있다.

○ 남에게 꾸중을 듣거나 모욕을 당하는 꿈은 모두가 길조(吉兆)이다.

○ 창이나 방패에 빛과 광채가 보이는 꿈은 지위가 향상되고 복록이 늘어난다.

○ 칼을 차고 먼길을 가는 꿈은 재물을 얻고, 남에게 도끼를 얻는 꿈은 관직이 승진된다.

○ 행군하는 깃발 등속을 보는 꿈은 귀한 아들을 얻고, 몸에 갑

옷을 입어보면 백사가 대길하다.

【종교】

종교는 실제의 인물, 소원, 중매자, 선악 등의 뜻을 지니고 이를 표현한다.

○ 파계승과 어울려 다니는 꿈은 천박한 사람, 부랑아, 믿을 수 없는 청부업자 등과 상관한다.

○ 불경책을 노스님으로부터 얻은 꿈은 유명한 학자에게 학력을 인정받거나 출세할 방도가 생긴다.

○ 스님에게 시주를 많이 하는 꿈은 소청이 많거나 크며, 잡곡으로 시주하면 작품심사에 탈락하거나 학문을 연구해도 인정을 못받는다.

○ 스님은 학자, 기관원, 연구원, 학생, 추천인, 중계인, 청부업자, 진리탐구자, 종교인, 단체요원, 고독한 사람 등과 동일시한다.

○ 전도사는 실제인물, 외무원, 외판원, 선전원, 중매자 등과 동일시 하며 어떤 일거리의 상징이기도 하다.

○ 신부와 목사는 실제의 인물, 선생, 법관, 학자, 스님 등과 동일시 하며 또한 교양 서적이나 선악과 관련된 상징물이 되기도 한다.

○ 수녀원에 자신이 들어간 꿈은 학교, 회사, 교도소 등에 갈 일이 생긴다. 그리고 자기의 작품이나 일거리가 당국으로부터 심사를 받게 된다.

○ 자신의 설교로 많은 사람이 죽거나 잠들면 자기 선전이나 사상으로 많은 사람을 따르게 하고 심복을 만든다.

○ 스님이 문턱에서 염불을 하는 태몽은 태아가 장차 학문을 연구하여 큰 학자가 되고, 꽹과리를 두드리면 무관으로 출세

한다. 단, 스님에게 시주를 해야한다.

【죽음】
죽음 중에는 부모의 죽음을 꾸는 예가 가장 많다. 여기에는 여러가지
해석으로 생각할 수 있으나 우선 여성이 모친의 죽음이나, 남성이 부
친의 죽음을 보는 것은, 자신이 동성인 부모로 변신해서 이성인 부모
와 친해지고 싶다고 하는 욕망을 뜻하는 일이 있다. 그리고 부모가
죽는다고 하는 슬픈 사건을 꿈속에서 예행 연습을 하여 그 고통에
익숙해지려고 하는 행위로 해석되는 경우가 비교적 많이 있다.

○ 부모상을 당하고 대성 통곡을 한 꿈은 정신적 안정과 물질
　적인 부를 누리게 되고 계획했던 일을 착수하게 된다.

○ 부고를 받은 꿈은 서류상으로 어떤 통지나 편지 같은 것을
　받게 된다.

○ 병원에서 수술을 받다가 죽은 꿈은 어떤 물건이나 부동산
　같은 매매가 이루어지고 축하할만한 소식을 전해듣게 된다.

○ 막연하게 누가 죽게 될 것이라는 생각을 가졌던 꿈은 전혀
　기대하지 않았던 일이 이루어지고 미궁에 빠졌던 일의 실마
　리가 풀리게 된다.

○ 자신이 아무런 고통도 느끼지 않고 안락사 한 꿈은 심사기
　관에 제출한 서류나 출품한 작품 같은 것이 좋은 결과를 얻
　게 된다.

○ 죽은 사람의 소지품이나 유서 등 그와 관련된 물건이 자기
　에게 배달된 꿈은 자신이 TV, 라디오 등에 출연하게 되거나
　매스컴을 타게 된다.

○ 사람이나 동물, 생명체가 죽은 꿈은 자신이 없었던 일이나
　꺼려했던 일들이 잘 해결된다.

○ 남과 더불어 통곡하는 꿈은 경축할 일이 생기고, 혼자 울고

있는 꿈은 술과 음식이 생긴다.

○ 죽은 사람이 웃는 꿈은 큰 병이 낫고, 죽은 사람이 말을 하는 꿈은 사업이 번창한다.

○ 죽은 사람이 자기를 안아주는 꿈은 대길하다. 다만 죽은 사람을 안고서 울면 나쁘다.

○ 죽은 사람과 같이 음식을 먹거나 죽은 사람의 시체를 목욕시키는 꿈은 모두 재수가 있고 만사가 뜻과 같이 잘 된다.

○ 자기가 죽은 사람의 영혼이란 생각이 들었던 꿈은 물질적인 만족은 얻지 못해도 정신적으로는 큰 만족감을 느낄수 있는 일을 처리하게 된다.

○ 집에 초상이 난 꿈은 직장이나 자기와 연관이 있는 사업체에서 평소 생각했던 문제의 일이 자연스럽게 이루어진다.

○ 상여 앞에 많은 만장이 서있는 것을 본 꿈은 하는 일마다 실패를 거듭하게 되나, 가까운 시일내에 기관의 협조를 받아 세인이 놀랄만한 일을 성취하여 명성을 얻게 된다.

○ 조상에게 제사를 지내는 꿈은 권력층 사람이나 자기보다 윗사람에게 부탁할 일이 생기게 된다.

○ 혼사를 앞두고 초상이 난 꿈은 결혼식이 연기되거나 집안의 어떤 대사를 연기해야 할 일이 생기게 된다.

○ 조상의 묘에 성묘를 한 꿈은 자기를 도와주려는 사람이나 평소 가깝게 지내던 사람에게 부탁할 일이 생긴다.

○ 상여가 나가는데 많은 만장이 펄럭이고 조객이 많았는데 이것이 태몽이면 사회에 명성을 떨칠 훌륭한 인물이 태어나게 된다.

○ 제사상에 직접 술을 따루어 올린 꿈은 개인의 힘으로는 도저히 해결할 수 없었던 일을 정부의 도움으로 해결하게 된다.

○ 남의 집에 초상난 것을 본 꿈은 꿈속의 초상집에 슬픈 일이

나 경사가 일어나 많은 사람이 모이게 된다.

○ 국가 원수나 정부 고관이 죽어 국장행렬을 구경한 꿈은 생애 최고의 명예가 될 일과 부딪치게 된다.

○ 집에 초상이 나서 울음소리가 진동을 하는데 상여가 또 들어온 꿈은 먼곳까지 소문이 날 정도로 사업이 번창하거나 반가운 일이 생기게 된다.

【쥐】

쥐는 큰 뜻을 지닌사람, 노력가, 소개인, 관리, 회사원, 일거리 등과 연관이 있다.

○ 쥐가 고양이나 호랑이로 변하는 꿈은 하급 공직에서 상위직으로 승진함을 상징하는 표현이다.

○ 쥐를 잡아 죽이는 꿈은 어떤 사람을 설득하거나 어떤 일이 성취되어 재산의 손실을 막는다.

○ 구멍속에서 머리만 내밀고 밖을 살피는 쥐를 본 꿈은 자기사업에 관심을 가지고 지켜보는 사람이 있음을 암시한 것이다.

○ 도망가는 쥐를 돌로 잡는 꿈은 잔꾀를 부리는 사람, 연구하는 사람을 설득하여 사업을 성사시키게 된다.

○ 상자속에 든 쥐 한 마리를 죽이니까 다른 한 마리의 쥐도 같이 따라 죽는 것을 본 꿈은 두 가지의 작품이 연달아 발표된다.

○ 나무에 오르는 다람쥐를 보는 꿈은 직장 등에서 승진이 이루어진다.

○ 쫓던 쥐가 구멍속으로 사라진 꿈은 계획한 일이 뜻과 같이 이룩되지 못한다.

○ 실험용 흰쥐가 우리안에 있는 것을 본 꿈은 정신적 또는 물질적인 자본이 생기게 된다.

○ 큰 물체의 밑부분을 쥐가 갉아먹는 꿈은 거창한 사업을 착수하게 된다.

○ 박쥐가 자기에게 달려들어 물면 어떤 권리나 명예가 주어진다.

○ 들판에 있는 농작물을 쥐떼가 먹는 것을 본 꿈은 사업이 궁지의 운세에 놓이게 된다.

○ 쥐떼가 나타나서 창고의 곡식을 먹어 치우는 꿈은 커다란 사업이 성취된다는 표현으로 본다.

○ 방안에 든 쥐를 잡으려고 하는 꿈은 어떤 단체에서 부정하는 자를 밝혀내는 일이 생긴다.

【지붕】

지붕은 그 모양에 의해서 갖가지 심리상태를 표시한다. 탠트도 같은 의미를 지니는데 지붕이 너무 커서 집을 버릴것 같은 꿈은 인간 사회로부터 도피하여 모든 인간 문제에 눈을 감고자 하는 것을 뜻한다.

○ 지붕을 수리하는 꿈은 가업이 번창한다. 그러나 지붕이 무너지고 퇴폐한 꿈은 심신이 고달프고 집안에 우환이 생긴다.

○ 지붕위에 벼포기나 풀포기가 돋아나 보이는 꿈은 관직에 나아가며 식록이 풍성한 길몽이다.

【집(家)】

집은 몸 전체를 상징한다. 집 내부의 방이나 거실, 계단 같은 것은 몸의 일부분을 표시하며 그 형체에 따라서 인격의 특성을 나타내고 있다. 꿈속의 호화로운 저택은 자신에 넘쳐 흐르는 능력이 있는 사람이라는 것을 뜻한다. 작은 판잣집 같은 것은 그와 반대다. 오래된 고옥(古屋) 같은 낡은 집은 몸이 전체적으로 피로에 지쳐서 능력에 자신을 갖지 못하는 것을 표현하는 것이다.

○ 자기집 대문 앞에 도랑이 생기는 꿈은 하는 일마다 마음대

로 되지 않는다. 방해되는 일이나 방해하는 사람이 나타나서 하는 일을 방해하게 된다. 이는 진퇴 양난의 어려운 궁지에 빠지게 되는 불길한 운세이므로 각별한 조심이 필요하다.

○ 자기집 문이 저절로 망가지는 꿈은 도둑을 맞거나 집안에 일하는 고용인이 주인 몰래 물건을 훔쳐서 달아날 징조이기도 하다.

○ 자기집 문을 다시 만들어 다는 꿈은 귀한 아들을 낳을 수이며, 특히 장차 커서 큰 인물이 될 것을 예시해주고 있다.

○ 자기집 대문이 저절로 활짝 열리는 꿈은 가만히 앉아 있어도 도와주는 사람이 나타나는 길몽이다.

○ 자기집 대문이 잠겨져 들어갈 수 없는 꿈은 하는 일마다 실패를 하게 된다. 이는 한 마디로 운수가 막히는 흉몽이다.

○ 자기집 대문이 커 보이거나 높아 보이는 꿈은 큰 부자가 되거나 높은 관직을 차지하게 될 징조이다. 이는 한 마디로 복이 저절로 굴러들어 오는 대길한 운세를 표현한다.

○ 남의집 대문이 꼭 닫혀 있는 것을 본 꿈은 다른 사람과 다툴일이 생긴다. 또한 친했던 사람과 절교하여 내왕이 끊어지며 불길한 사태를 맞이하게 되는 흉몽으로 본다.

○ 돌로 만들어진 문을 보는 꿈은 장수를 한다고 한다.

○ 자기의 집을 팔고 사는데 집을 파는 꿈은 운이 대통하고, 반대로 집을 사는 꿈은 오래살 징조이다.

○ 자기의 집을 짓는 꿈은 모든 일에 기쁨이 있고 계획한 일이 난관을 극복하고 협조자의 도움으로 성공을 거두게 된다.

○ 자기가 집을 깨끗이 청소하는 꿈은 손님이 찾아오거나 먼 곳에서 기쁜 소식이 온다. 또한 배필을 맞아들이거나 식모, 하숙생 등 외인을 들이게 된다.

○ 자기의 집안이 가난해 보이는 꿈은 모든 일이 순조로우며

뜻대로 진행이 된다. 그리고 귀인을 만나서 크게 성공을 하는 수도 있다.

○ 자기의 집안에 풀이 잔뜩 나있는 꿈은 집안에 좋지 않은 일이 일어날 불길한 징조이다. 이는 재산을 축내는 사람이 생길 수 이다. 다만 소나무와 잣나무가 집안에 나있는 꿈은 오래살 징조를 표현함이다.

○ 자기집의 대들보가 무너지는 꿈은 뜻하지 않은 어려움을 겪거나 다른 사람의 모함에 의해서 직위를 상실하는 일이 있으며, 사랑하는 사람을 잃게 될 징조이기도 하다.

○ 화려하게 꾸며진 커다란 궁성을 보는 꿈은 모든 일에 운이 따르고 기쁜 일이 많이 생긴다. 또한 큰 계획을 세우거나 중요한 일을 맡게 된다.

○ 자기집 마당에 큰길이 나있는 꿈은 운수가 대통하고 재수가 있다. 모든 일에 적극적으로 대응하면 도와주는 사람이 나타나는 등 출세의 길이 활짝 열릴 징조이다. 다른 한편으로는 자신이 사회를 위해 큰 봉사를 하게 된다는 것을 의미 하기도 한다.

○ 건물에 불이나서 활활 타오르는 것을 본 꿈은 불길이 세찰수록 계획한 일이 순조롭게 진행된다. 그러나 타오르는 불을 끄려고 한다든지 끄고 있으면, 자신의 하는 일에 새로운 방해물이 나타나게 될 징조이다. 만일 쉽게 불이 꺼졌다면 이 것은 자신의 작품이나 사업에 실패할 것을 암시하는 꿈이 된다.

○ 자신의 집에 높은 누각을 세우는 꿈은 그동안 마음속으로 계획한 일이 척척 진행되고 모든 일에서 즐거움을 느끼게 할 징조를 알려주는 것이 된다.

○ 낡은 집으로 이사를 가는 꿈은 꿈속에 나타나는 낡은 집과는 반대로 새로운 사람을 맞아들이게 된다는 것을 암시해 주

고 있다. 멀지않아 가정부, 자취생, 하숙생 등이 들어오게 될
징조이기도 하다.

○ 높은 누각에 올라 음주 행락하는 꿈은 부귀할 징조이다.

○ 집을 수리하는 꿈은 수복이 강영하고 가업이 번창한다.

○ 새집에 들어가 보는 꿈은 먼길을 여행할 징조이고, 새집으로
이사가는 꿈은 일신이 귀하게 된다.

○ 창고를 짓거나 수리하는 꿈은 장사하는 사람에게는 영업이
잘되고, 예능인에게는 이름이 나며 부자는 더욱 부자가 된다.

○ 집안에 형제가 몹시 빈곤해 보이는 꿈은 반대로 길하며 재
수가 있고 만사가 뜻과 같이 순조롭다.

【채소】

채소는 정신적 물질적 재물, 작품, 일거리 등을 상징한다.

○ 가지를 보는 꿈은 모든 일이 뜻대로 되며, 가지를 먹는 꿈은 매우 좋은 꿈으로 부인이 임신하거나 혼담이 이루어지게 된다. 또한 가지를 남에게 주는 꿈은 흉몽으로 재산을 상실하거나 줄게 된다.

○ 들에서 나물을 캐는 꿈은 자손에게 좋은 일이 일어날 암시를 하고 세상을 평안하게 즐길 수 있는 운세다. 유의 할것은 여자로 기인하여 고생할 징조도 내포하고 있으므로 여자를 조심해야 탈이 없다.

○ 파나 마늘을 먹는 꿈은 밑에서 일을 하던 사람이나 또는 동업을 하는 사람이 배신을 할 징조이다. 또한 다른 사람과 다투는 일이 생기기도 하니 이럴때는 매사에 조심하고 소극적으로 대응해야 한다.

○ 감자 같은 규근(珪根)을 꾼 꿈은 부인이 임신을 하는 태몽인데 재주를 가진 아들을 낳을 징조이다.

○ 감자를 남에게 주는 꿈은 금전 관계로 기인하여 고통 받을 일이 생긴다. 이러한 꿈을 꾸었을 때에는 돈 관리를 정확하게 해야한다. 그렇지 않으면 손재를 보고 고생을 하게 된다.

○ 파나 마늘 같은 것을 캐는 꿈은 다른 사람과 의견이 맞지 않아서 다투는 일이 생기고 남이 알아서는 안될 비밀이 폭로된다. 그리고 믿었던 사람이 배신할 징조이기도 하다.

【책】

책은 학문적인 지식욕을 충족시켜 주는 것을 뜻하고 있다. 예를 들면 시험공부 도중에 잠을 자버렸을 때, 책을 읽고 있는 꿈을 꾸었을 때, 그것은 좀더 공부하지 않으면 안된다고 하는 마음의 표현으로 그 마음을 꿈속에서 충족시키고 있는 까닭이다. 대체로 책을 읽는다든가 찾고 있는 꿈은 젊은 사람에게 많이 표현된다.

○ 책을 얻어서 읽어 본 꿈은 학문 연구에 연관된 직업을 얻거나 책을 구입하게 된다.

○ 상대방이 읽는 책을 어깨너머로 본 꿈은 상대방의 마음을 살피거나 그 사람의 비밀을 알려고 한다.

○ 상대방에게 책을 빌려온 꿈은 남의 명령에 따라 행동하게 된다.

○ 상대방으로 하여금 책을 읽게 한 꿈은 상대방과 의견이 일치되어 그의 뜻에 따르게 된다.

○ 가까운 사람에게 노트를 빌려온 꿈은 친구간에 우정이 두터워지고 상대방과 약속을 하게 된다.

○ 책을 찢거나 던져버린 꿈은 상대방에게 반항하거나 학대를 한다.

○ 책을 얻거나 많은 책을 가진 꿈은 이것이 태몽이라면 학문 연구에 정진하는 후계자를 얻을 것이다.

【춤】

춤은 타인과의 **활발한** 교제나 **접촉**을 통하여 자신의 세계와 능력을 높이고자 하는 소망을 의미하고 있다.

○ 음악에 맞추어서 춤을 추는 꿈은 과격한 시위를 목적으로 하는 단체로부터 가입의 교섭을 받거나 또는 가입하게 된다.

○ 여러사람이 하는 체조나 무용을 자신이 직접 지휘한 꿈은 다른 사람의 사업을 인수하게 되거나 소액의 투자로 큰 이익을 얻게 된다.

○ 남이 춤추는 것을 구경만 한 꿈은 과대한 광고 등에 현혹되어 패배를 자초할 일이 생긴다.

【칼】

칼, 단도 등은 가장 전형적인 남성기의 상징이다. 칼을 탐내는 꿈은 그대로 남성의 완벽, 신체적인 능력, 활발성, 적극성 등에 대한 동경을 뜻하고 있다.

○ 군도(軍刀)를 얻는 꿈은 자신의 지위가 높아지고 여러 방면으로 몰두하게 된다.

○ 모르는 사람이 은장도를 처녀에게 준 꿈은 좋은 사람과 인연을 맺게 된다.

○ 남에게 도끼를 얻는 꿈은 길하며 관직이 승진된다.

○ 칼을 구하는 꿈은 장사하는 사람에겐 많은 이익이 발생한다.

○ 꿈에 나무를 패는 도끼를 보면 반드시 중책을 맡게 되며 또한 수명이 장수해진다.

○ 칼이 물속에 떨어지는 꿈은 처첩이 죽는다고 한다.

○ 꿈에서 긴칼을 보게되면 처첩이 서로 싸우게 된다.

○ 대체로 예리한 칼일수록 복록과 무사 평안함을 가져다 준다.

○ 꿈에서 장도리나 끌을 보면 해를 입으며, 설령 하는 일이 성

214

사되더라도 반드시 후회할 일이 있게 된다.
○ 여자가 큰칼을 차거나 빼어든 꿈은 운수가 대통, 대길하고 칼이나 창을 날카롭게 갈아보이는 꿈은 재수가 대통한다.

【코】

코는 남성의 상징이다. 이는 물질, 대인관계, 자기주장 등을 의미한다.
○ 코가 유난히 작은 사람을 본 꿈은 사회적인 지위가 낮거나 가난한 사람과 관계할 일이 생긴다.
○ 코가 유난히 큰사람을 본 꿈은 물질면에서 풍요로운 사람과 접촉할 일이 생긴다.
○ 병원에 가서 자주 코를 푼 꿈은 관공서 등에 갈 일이 생기며 그곳에서 자기의 주장을 내세우게 된다.
○ 코를 다치게 된 꿈은 남과 크게 싸울 일이 생기거나 누구로부터 중상모략을 입게 된다.
○ 자기 코에 빨간 점이 있는 것을 본 꿈은 어떤 일에 성공을 하여 남으로부터 우러러 보이게 된다.
○ 코를 치료받거나 수술받는 꿈은 자신이 하는 일과 관계되는 기관에서 간섭을 하게 된다.
○ 코가 없어져버린 꿈은 힘들여 쌓아 올렸던 명예나 권세 등이 실추될 일과 상관하게 된다.
○ 코에 상처가 나거나 그 부위에 염증을 일으키는 꿈은 숨겼던 비밀이 폭로 되거나 내세웠던 자존심이 꺾이게 된다.
○ 누군가를 만났는데 그의 코가 무척 커보인 꿈은 사회적으로 존경 받을 만한 사람과 상대할 일이 생긴다.

【키스】

키스는 대체로 아무것도 언급하지 못하게 하는 욕망의 표현이라 한다. 오래간만에 옛날의 애인을 만나서 키스했다고 하는 것은 과거를 회상하고 싶지 않다고 하는 욕망의 표시이기도 하다.

○ 사랑하는 사람과 입맞춤을 했는데 몹시 만족스러웠던 꿈은 애인으로부터 기쁜 소식을 듣게되며 많은 일거리를 부탁받게 된다.

○ 어떤 형태로든 키스를 했던 꿈은 기다리던 소식이 오거나 의심스러웠던 진상을 알게되어 누군가를 고소할 일 등이 생긴다.

○ 키스를 하는데 어느 사이에 성기가 팽창한 꿈은 자기보다 연하인 사람에게 훈계를 하지만 열심히 훈계한 만큼 성과를 얻지 못한다.

○ 키스를 한 꿈은 어떤 일을 하든 결실을 맺지 못하고 자신의 능력을 비관하게 된다.

○ 키스를 했는데 몹시 불만스러웠던 꿈은 누구에겐가 잘못을 저질러 죄스러웠던 점을 용서받으려하나 받아주지를 않는다.

○ 장시간 키스를 했던 꿈은 누구를 만나든 그 사람에 대한 모든 것을 정확히 알게 된다고 한다.

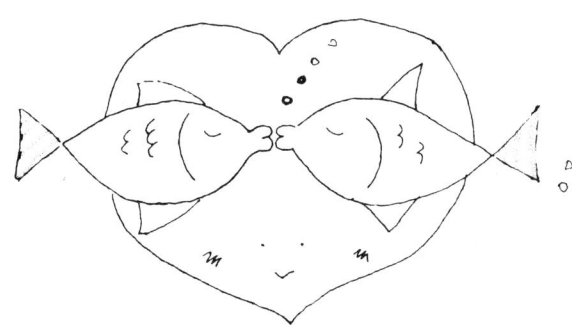

【태몽】

태몽은 그 특성이나 성격에 대해서는 제1장 태몽에서 설명한바 있으나 무조건 좋다 나쁘다라고 평가하기에 앞서 어떤 모습, 어떤 행위인가에 따라서 어떻게 변하느냐 하는 것을 분석해야 한다. 여기에서 열거하는 꿈들은 실제로 꾼 태몽의 사례들이다.

○ 할아버지가 금반지를 손에 끼어 주었는데 그 손에서 광채가 나는 꿈은 총명한 아들을 잉태하여 큰 인물이 출생한다는 것을 예시한 것이다.

○ 금반지를 얻는 꿈은 대체로 여아를 출산하게 되며 태아는 성품이 원만하고 영리하여 장차 사회적인 지위를 확보하게 된다.

○ 많은 반지를 얻게 되는 꿈은 태아의 재능이 많고 장차 여러 분야에서 독보적인 활동을 하게 된다.

○ 고구마를 먹는 꿈은 태아가 건강하고 집안에 기둥이 될 아들이 태어난다.

○ 고구마를 품에 안고 있는 꿈은 예능 계통이나 학구적인 면

에서 큰 인물이 될 수 있다.

○ 고구마밭을 걸어가는 꿈은 훌륭한 작품이나 공예에 뛰어난 인물을 잉태한다.

○ 고구마가 산더미처럼 쌓여 있는 것을 본 꿈은 많은 사람을 거느리거나 또는 대가족속에서 집안을 다스리게 된다.

○ 가구를 옮기거나 돌려 놓는 꿈은 임신중에 유산될 우려가 있으니 각별히 몸조심을 해야한다.

○ 벗꽃이 만발한 화창함을 본 꿈은 부모에게 효도하는 미녀를 잉태한다.

○ 노란색 국화꽃을 한묶음 꺾어 드는 꿈은 아들, 딸 관계없이 명예로운 자녀를 얻는다.

○ 꿈에서 까치가 울면 기쁜일이 생기고, 특히 수까치는 남자를 상징하고 암까치는 여자아이를 상징한다.

○ 많은 새가 날아가거나 앉아 있는 꿈은 어느 집단을 의미하며, 이는 장차 많은 사람을 거느릴 인물이 태어난다.

○ 큰장독이 여러개 뒤집혀 있는 것을 본 꿈은 하고자 하는 일에 변동이 생기면서 임신중에 유산될 우려가 있다.

○ 살고 있는 집에 우물물이 넘쳐 흐르는 꿈은 돈도 벌고 아들을 잉태하게 된다.

○ 왕궁에서 도포자락을 잡고 매달리는 꿈은 정사에 이름을 날릴 남자아이를 얻게 된다.

○ 은수저를 받은 꿈은 인품이 준수한 미남 아들을 잉태한다.

○ 오색이 찬란하게 빛을 발산하는 사슴을 본 꿈은 예능에 뛰어난 재능을 보이며 명예를 높이는 아들을 얻게 된다.

○ 금붕어가 서로 엉켜 있는 것을 본 꿈은 사회에 많은 공을 쌓고 큰 기업가가 될 인물을 출산한다.

○ 많은 구렁이가 즐비하게 늘어져 있는 꿈은 정치가나 큰 기

업인이 될 자손을 잉태한다.

○ 빨간 실뱀이 치마폭으로 들어오는 꿈은 상냥하고 예쁜 여아를 낳는다.

○ 우굴거리는 뱀을 보면서 미소를 짓는 꿈은 교육자로서 많은 사람을 선도하고 계몽하는 훌륭한 인재를 출산한다.

○ 임산부가 구렁이한테 물리는 꿈은 나라에 큰 공헌을 하게될 태아를 잉태한다.

○ 오이를 먹는 꿈은 탐스러운 미인을 얻게 된다.

○ 자기 몸에서 빛을 발산하는 꿈은 고위관직에 오르는 남아를 잉태한다.

○ 스님이 문전에서 염불하는 것을 보고 시주를 하려고 뛰어나가는 꿈은 장차 문관으로 대성할 남아를 얻게 된다.

○ 먹은 음식을 토해내는 태몽은 태아가 유산될 우려가 있으며 일시적인 성패로 기인하여 명리를 모두 상실할까 두렵다.

○ 잔디밭에서 풀을 뜯고 있는 말을 본 꿈은 장차 교육자로서 사회에 공헌할 아들을 얻게 된다.

○ 해(태양)를 손으로 따거나 만지는 꿈은 장차 권세를 누리거나 아니면 거부가 될 아들을 낳는다.

○ 아내가 남편의 옷을 입는 꿈은 곧 아들의 출산이 있다.

○ 고추를 본 꿈은 아들을 낳지만 고추를 푸대에 담아두면 그 아들이 몸에 상처를 입는다고 한다.

○ 꽃을 보고 꺾어들면 장차 사회적인 명성을 크게 얻을 자손을 얻는다.

○ 난초나 죽순을 꿈에서 보면 자손이 귀한집에서 어렵게 자손을 얻는다.

○ 거북을 타거나 만지는 꿈은 장차 그룹의 총수로서 군림할 아들을 얻는다.

○ 상어를 그물로 낚아 배에 싣는 꿈은 공직에 진출하여 권세를 누릴 자손을 얻는다.

○ 참새 한 마리가 방안으로 날아드는 꿈은 평범한 여아를 출산한다.

○ 학이 품안으로 날아드는 꿈은 여아를 잉태하며 태아는 장차 학자나 성직자가 되기 쉽다.

○ 새떼가 날아와 그 중에서 가장 큰 새 한 마리가 방안으로 날아드는 꿈은 적극적이고 활달한 지도자가 될 인물을 낳는다.

○ 꾀꼬리가 방안으로 날아드는 꿈은 장차 무관으로 대성하거나 또는 인기인으로서 출세할 아들을 얻는다.

○ 비둘기가 날아가는 것을 본 꿈은 박애주의적인 착한 여아를 낳는다.

○ 동자가 학을 타고 내려오는 꿈은 장차 유명한 학자가 되거나 또는 그룹의 총수격인 인물을 낳는다.

○ 봉황새 한쌍을 본 태몽은 두뇌가 뛰어난 명석한 아들을 낳는데 그 활동이 광범위하여 모르는 사람이 없다.

○ 뱀이 덤벼들어 물려고 하는 것을 밟아 죽이는 꿈은 잉태한 태아가 유산 된다.

○ 우물가에서 뱀과 지네가 어우러져 노는 꿈은 장차 태아가 사회사업가나 정치가로서 놀라운 재능을 발휘하게 된다.

○ 청색 구렁이가 산꼭대기에서 아래로 몸을 늘어뜨리고 있는 꿈은 많은 사람들의 지도자가 될 인물을 잉태한다.

○ 구렁이가 쥐구멍으로 들어가는 꿈은 태아가 유산 되거나 또는 유아때에 사망한다고 본다.

○ 호랑이 꿈을 꾸고 여아를 낳는 꿈은 태아가 여성 사업가로서 크게 명성을 얻거나 또는 큰 인물을 배우자로 맞게 된다.

○ 누런 암소가 얼룩 무늬 송아지를 낳는 꿈은 장차 태아가 말

썽꾼이 된다고 한다. 그러나 훗날 가문을 성실하게 빛내게 된다.

○ 달리는 말을 본 꿈은 장차 호쾌한 정치가가 되거나 또는 그룹의 총수가 되는 아들을 얻는다.

○ 강가에서 빛이 나는 수석을 줍는 꿈은 장차 태아가 높이 벼슬하거나 저명한 학자로서 대성한다.

○ 방안이나 마루에서 물고기가 노는 것을 본 꿈은 장차 작가나 지도자가 될 인물을 잉태하게 된다.

○ 월척 붕어를 두팔로 안고 있는 꿈은 작가가 되거나 명예와 재물을 함께 겸비하는 아들을 얻는다.

○ 오색이 찬란한 물고기를 앞치마로 받쳐드는 꿈은 저명한 작가나 예술가를 출산한다.

○ 큰잉어가 연못에서 노닐다 갑자기 사라지는 꿈은 태아가 유산될 우려가 있다.

○ 강가에서 게를 잡는 꿈은 장차 태아가 교수 또는 연구직에서 정진하게 된다.

○ 빨간 나비가 푸른산 계곡을 날아다니는 꿈은 장차 태아가 고위 관리로서 권세를 누리게 된다.

○ 별이 떨어진 자리에 나비가 날아드는 꿈은 장차 매스컴을 타는 유명인이 될 남아를 잉태한다. 단 여자 관계가 복잡해질 수 있다.

○ 날으는 곤충을 본 태몽은 장차 연예인으로서 출세하게 된다.

○ 과일을 따서 광에 쌓거나 상자에 담는 꿈은 장차 대규모의 사업체를 경영하면서 많은 부하로부터 존경을 받는 태아를 잉태한다.

○ 과일을 따는 꿈은 아들을 잉태하게 되지만, 단지 과일을 먹는 꿈은 태아가 유산될 우려가 있다.

○ 앙상한 나무를 흔들어서 과일을 따는 꿈은 출산시 산모의
  건강이 한층 더 우려된다.

○ 밤알이 광에 가득차게 보이는 꿈은 여아가 태어날 수 있으
  나 이는 재물로써 집안을 빛내게 될 것이다.

○ 아카시아꽃이 만발한 오솔길을 걸어가는 꿈은 장차 태아가
  명예로서 가문을 빛내게 된다.

○ 우물에서 용과 구렁이가 어우러져 하늘로 오르는 꿈은 장차
  정치권이나 정부기관에서 막강한 힘을 행사할 아들을 얻게
  된다.

○ 샘물을 마시는 태몽은 감정이 섬세한 태아를 잉태하게 되며
  장차 작가나 예술가로서 대성할 수 있다.

○ 파도가 세차게 몰아치는 꿈은 매우 과감하고 혁신적인 남아
  를 잉태한다.

○ 무지개를 향해 달려가는 태몽은 장차 태아가 인기인이나 유
  명인으로서 매스컴을 타게 된다.

○ 창문을 통해서 안을 들여다 보는 꿈은 출산시 산모의 건강
  이 우려된다.

○ 갓난 아기가 책을 가지고 놀면서 말을 하는 꿈은 장차 태아
  가 교수나 연구직에 종사하면서 세상에 이름을 알리게 된다.

○ 떡시루에 담긴 떡을 모두 먹어치우는 꿈은 장차 태아가 정
  신적인 지도자로서 크게 명성을 떨치게 된다.

○ 떨어지는 포도송이를 손으로 받아들고 먹지않고 바라만 보
  는 태몽은 장차 교육자나 정신적인 지도자로서 대성하게 될
  자식을 얻는다.

○ 구렁이가 용마루를 통해 지붕으로 올라가는 꿈은 장차 태아
  가 외국을 왕래하면서 대업을 성취한다.

○ 선녀가 아기를 안아다주는 꿈은 정부기관에서 중책을 맡게

될 귀자를 잉태하게 된다.

○ 산신령이 동자를 데리고 온 태몽은 장차 학자로서 대성할 태아를 갖게 된다.

○ 꿈속에서 금으로 된 불상을 얻게되면 위대한 정신적 지도자로서 진리를 탐구하고 전파할 인재를 낳게 된다.

○ 절에 들어가 살고 있는 본인이 임신을 하는 꿈은 고귀한 자식을 얻어 큰 덕을 보게 된다.

○ 우물이나 함지박의 물에 나뭇가지가 꼿꼿이 서서 돌아다니는 꿈은 반드시 아들을 얻게 된다.

○ 꼭지 달린 사과나 배를 따는 꿈은 반드시 아들을 낳는다.

○ 호랑이가 안개에 싸여 눈을 번뜩이는 꿈은 인기인이 되거나 사업가가 될 아들을 낳는다.

○ 알밤을 따거나 보면 딸을 낳는다.

○ 집에 호랑이가 들어와 있던가 또는 호랑이가 들어오는 것을 본 꿈은 많은 사람들을 즐겁게 하는 인기인이나 또는 위엄있는 정치가 내지 사업가가 될 아들을 낳는다.

○ 임신중 무덤위에 꽃이 피는 꿈은 독불장군으로 외롭게 자수성가하여 크게 명성을 날릴 태아를 잉태한다.

○ 죽은 잉어를 본 꿈은 유산될 우려가 있다.

○ 열심히 글을 읽고 공부하는 꿈은 장차 태아가 학자나 연구 분야에 정진하게 된다.

○ 임신중에 외간남자와 간통을 하는 꿈은 훗날 자식이 부모를 배척한다고 한다.

○ 법회에 들어가 경을 읽는 꿈은 나라에 크게 공헌할 귀한 아들을 얻게 된다.

○ 새로이 직장에서 승진을 하거나 높이 인정을 받는 꿈은 영광된 명예로서 집안을 빛낼 자식을 잉태한다.

○ 새집에 문패를 달아 보이는 꿈은 훌륭한 자녀를 얻는다.

○ 활짝 핀 꽃이 타인으로 인하여 꺾여지는 꿈은 유산이 되거나 생후 얼마 안 있어 사망할까 두렵다.

○ 열매 가운데 푸른 빛은 남아를 상징하고 붉은 빛은 여아를 상징한다.

○ 별이 품안에 떨어지는 꿈은 선구자적인 인물을 출산하거나 성직자가 될 인재를 낳는다.

○ 금빛 태양이 자신을 향해 이글거리는 꿈은 말썽꾼 자식을 낳지만 훗날 크게 부모의 이름을 빛나게 한다.

○ 해가 강에서 떠오르는 것을 계속 지켜보는 꿈은 아들을 얻게되나 이내 헤어질까 염려된다.

○ 물건을 안고 산에 오르는 꿈은 고생끝에 아들을 갖게되나 초년 고생이 우심하다.

○ 고목에 꽃이 피는 태몽은 많은 사람을 계몽하는 선구자가 될 아들을 갖는다.

○ 집안에 과일나무를 심거나 과목에 열매가 달리는 꿈은 집안에 복을 끌어 들이는 아들을 낳게 된다.

○ 거울을 얻는 꿈은 자신을 평생 봉양할 자식을 얻는다.

○ 대추를 따서 먹는 꿈은 건강하고 총명한 자식을 낳는다.

○ 금비녀를 보는 태몽은 장차 공직을 맡거나 집안을 일으킬 귀자를 얻는다.

○ 앵두나무 꽃을 벽장속에 보관하는 꿈은 직계 자손에게 아들이 생긴다.

○ 용이 손가락을 무는 꿈을 꾸면 아들을 갖기는 하지만 말썽꾼이 된다.

○ 꿈에서 큰뱀을 보면 효성이 지극한 딸을 낳는다.

○ 속이 빈 짚이나 나무가 물에 떠다니는 태몽은 딸을 상징한다.

224

○ 조약돌을 손에 쥐고 만지작 거리는 꿈은 여러 형제를 낳게
  된다.
○ 우박이 별안간 지붕을 덮는 꿈은 아들을 낳는다.
○ 번갯불을 꿈에서 보면 자손이 귀한 집안에서 자식을 얻게
  된다.
○ 침실에 빛이 스며들어오는 꿈은 귀여운 옥동자를 분만하게
  된다.
○ 서산에 해가 기우는 것을 보고 안타까워하는 꿈은 여아를
  얻게 된다.
○ 해나 달을 짊어지는 꿈은 장차 영부인이 될 여아를 잉태하
  게 된다.
○ 땅에 떨어진 금붕어를 어항에 집어 넣은 꿈은 예술성이 뛰
  어난 자식을 잉태한다.
※ 조개는 여아를 상징하고 있으나 많은 숫자는 출세할 수 있는
  능력을 표현하는 것으로 본다.
⊙ 조상과 함께 소가 보이는 꿈은 장차 태아가 주위로부터 많
  은 도움을 받아 대사업가가 되어 크게 성공한다는 예시이다.
○ 돼지우리속에 돼지가 가득 차 있는 것을 본 꿈은 장차 작가
  나 교육자로서 크게 정진하게 된다.
○ 큰짐승이 집으로 들어오는 꿈은 영광된 명성을 남기며 상당
  한 부를 이룩할 수 있는 자손을 얻는다.
○ 작은 실뱀이 우굴거리는 꿈은 생각지 않은 돈이 생기며 장
  차 교수나 군인으로서 많은 사람을 수하에 거느리는 인재를
  낳는다.
○ 더러운 곳에서 용의 정체를 보게되는 꿈은 장차 선두에서
  지휘하는 두령격의 인물을 낳는다.
○ 제비가 가슴으로 날아드는 꿈은 총명하고 재주있는 태아를

잉태한다.

○ 화려한 공작새가 날개를 펴는 꿈은 인기인으로서 상당한 부를 얻게 된다.

○ 용이 죽어 있는 태몽은 타인에 의해 유산이 될 유려가 있다.

○ 곤충의 표본을 보는 꿈은 출세를 하거나 일찍이 염세주의자가 되기 쉽다.

○ 나무밑에 큰 동물이 앉아있는 꿈은 지체가 높으신 분 밑에서 일을 배우게 되거나 사업가로서 성공할 자식을 얻게 된다.

○ 상한 음식을 얻거나 먹는 꿈은 임신중에 유산이 되거나 허약한 자식을 낳게 된다.

○ 과일이나 식품을 치마폭으로 감싸쥐면 장차 고귀한 직업을 갖게 되는 자식을 얻는다.

○ 밑에서 딴 열매의 꿈은 서민 생활을 하든가 밑바닥 생활을 하게 될 자식을 잉태하게 된다.

○ 돼지새끼가 우글거리는 꿈은 교육자나 사업가로서 명성을 떨친다.

○ 돼지새끼를 어루만지는 꿈은 부유한 삶을 누리게 되지만 부모나 배우자에게 걱정거리가 생긴다.

○ 산돼지가 떼를지어 부엌으로 들어오는 꿈은 높은 공직에 오르거나 학문 연구에 정진하는 자손을 얻는다.

【털】

건고하고 **짧은** 털은 남성적인 것, 부드럽고 긴 털은 여성적인 것으로 표현된다. 그리고 남성이 여성에게 혐오감이나 공포심을 가지고 있을 때는 먹으려고 한 밥속에 털이 섞여있는 꿈을 꾼다.

○ 머리를 깎거나 면도를 한 꿈은 속 시원한 일이 생기거나 무슨 일을 해도 다 만족스럽다.

○ 백발을 한 사람들이 여러명 모여서 음식을 먹고 있는 광경을 본 꿈은 걱정스러운 일이 생겨 괴로워하는 사람들을 만나게 된다.

○ 이발소에 갔는데 자기보다 앞서 이발을 하고 있는 사람을 본 꿈은 회사나 어떤 단체에서 동료가 자기보다 먼저 승진을 하게 된다.

○ 긴 머리의 처녀가 총각을 본 꿈은 고집이 조금 세긴 하지만 무슨 일에든 정열적이고 솔선수범하는 협력자를 만난다.

○ 눈가에 털이 많이 난 꿈은 허풍쟁이와 동업할 징조이다.

○ 머리를 감거나 말쑥하게 빗은 꿈은 걱정하던 일이 잘 풀리고 멀리서 반가운 손님이 온다.

○ 멋을 내기 위해 머리를 깎거나 손질한 꿈은 갈망하고 있던 소원이 이루어지거나 뜻하지 않았던 기쁜 소식을 듣게 된다.

○ 누군가가 강제로 자기의 머리를 깎는 꿈은 직계 가족중 누군가가 해를 입게 된다.

○ 뱃속에 들어있는 털을 꺼낸 꿈은 타관에 나가있던 친척이나 가까운 사람이 갑자기 돌아와 상봉하게 된다.

○ 털이 난 남의 몸을 본 꿈은 거래상 만난 사람이 솔직한 얘기를 하지 않으며 그것으로 기인해서 싸움을 하게 된다.

【팔】

팔과 손은 힘, 세력, 권리, 욕심, 수하, 협조자, 형제, 단체 등의 일을
상징한다.

○ 팔이 부러진 꿈은 지금껏 쌓아 올렸던 세력이 깨어지거나
협조자와도 헤어지게 된다.

○ 빠진 손목을 다시 맞춘 꿈은 사업상 동거동락했던 사람과
당분간 헤어질 일이 생긴다.

○ 한사람에게 여러개의 팔이 달린 것을 본 꿈은 많은 부하를
거느린 우두머리 격의 사람과 만나게 된다.

○ 열 손가락을 모두 사용하여 무슨 일을 했던 꿈은 많은 사람
들이 함께 임해야 하는 일이 생긴다.

○ 팔에 털이 많이 난 꿈은 재수가 있으나 손등과 손바닥에 털
이 많이 난 꿈은 걱정되는 일이 생긴다.

○ 손가락이 절단되는 꿈은 친구를 잃고 벗을 잃는 징조이나,
손가락이 여러개 나는 꿈은 새로운 벗이 나타나 도우고 신천
지가 열린다.

○ 상대방에게 두 팔을 올려 V자를 지어 보인 꿈은 경쟁적인 일에서 꼭 승리를 한다.

【편지】

편지는 대개의 경우 당신의 과거를 알게 하는 **뜻을 표현**한다.

○ 편지 봉투안에 수표가 들어 있는 꿈은 주소 불명의 부전지가 붙어 반환되어 오는 편지가 있다.

○ 우편함에 편지를 넣은 꿈은 어떤 기관에 부탁했던 일이 뜻대로 이루어진다.

○ 소포를 받아서 풀어보니 작고한 은사의 유물과 사진이 들어 있는 꿈은 은사나 협조자가 저술한 서적을 선물 받게 된다.

○ 파란 도장이 봉투에 찍혀 있는 꿈은 누군가가 등기 우편으로 돈을 붙여 온다.

○ 아이가 편지를 가져와 보이면 시비가 생기는 일이 있다.

○ 편지를 봉하는 꿈은 사업상 목적을 달성하기가 어렵다.

○ 연애편지를 받은 꿈은 어떤 사업이나 작품 관계로 타기관에서 부탁해 올 일이 있다.

○ 우체부가 가방이 넘치도록 많은 편지를 담고 걸어오는걸 본 꿈은 장기간 많은 편지를 받는다는 표현이다.

○ 편지 발신인의 주소가 점점 희미하게 보인 꿈은 발신인의 주소가 바뀌게 된다.

○ 정신이상인 여자가 연애편지를 쓴 꿈은 어떤 언론, 출판사에서 작품 청탁을 해온다.

○ 황색 봉투의 편지를 받아 본 꿈은 신문기사를 읽거나 **청첩장을 받아 보게 된다.**

【피】

피는 여자의 멘스를 의미하며 임신에 대한 불안이나 기대를 표현한다.

○ 사람이 죽어서 선혈이 낭자한 꿈을 보면 사회적으로나 집안 일로 얻어진 막대한 금전을 취급할 수 있다.

○ 코피가 터지는 꿈은 정신적 또는 물질적으로 공개할 일이 생기거나 손실을 가져오는 수가 있다.

○ 동물의 목을 잘라 피를 보게 되는 꿈은 어떤 일이나 작품이 성사되어 재물이 생기거나 큰 감동을 받는다.

○ 사람을 흉기로 찔렀는데 피가 나오지 않은 꿈은 경영하는 사업이나 추진하는 일이 성사되어도 크게 만족을 느끼지 못한다.

○ 남이 코피를 흘리는 것을 본 꿈은 그 사람으로부터 상당한 재물을 얻거나 정신적인 감화를 받는다.

○ 자기가 흉기로 찌른 사람의 몸에서 피가 나와 그 피가 자신의 몸에 묻는 꿈은 상대방에게 금전을 요구할 일이 생기거나 남의 사업을 거들어 주고 돈을 번다.

○ 몸에 피가 묻는 꿈은 계약서, 증서, 재정 보증 등과 연관되는 일이 생긴다.

○ 몸에 묻은 피를 닦아내거나 피묻은 옷을 빠는 꿈은 계약의 해지 또는 증거의 인멸, 재물의 손실 등을 가져오게 된다.

○ 피묻은 옷을 감추는 꿈은 증거 인멸을 꾀하거나 계약사항, 치부 등을 공개하지 않게 된다.

○ 신(神)이나 성인(聖人)의 손가락 피를 마시는 꿈은 위대한 학자나 진리 탐구자가 펴낸 참된 교리, 참된 지식을 얻게 된다.

○ 자신의 몸에서 피가 나는 꿈은 정신적 또는 물질적인 손실이 따르는 흉몽으로 본다.

○ 남의 몸에서 피가 나는 것을 보는 꿈은 남이 물질적, 정신적

손실을 입는 것을 보게 된다.

○ 남이 피흘리는 것을 보고 무서워 도망치는 꿈은 재물 얻을 기회를 놓치거나 계획한 일이 미수에 그친다.

○ 시체에서 피가 많이 흐르는 것을 보는 꿈은 대하 소설을 쓰거나 진리의 서적으로 감화를 주고 혁신을 가져온다.

○ 강이나 호수가 피빛으로 물이 드는 꿈은 진리, 교리, 사상 등으로 많은 사람을 교화시킬 수 있다.

○ 상대방의 옷에 피가 묻은 것을 본 꿈은 상대방 사람이 횡사하는 것을 보거나 듣게 된다.

○ 뱃속에 피가 고여 불어나는 꿈은 막대한 재물을 축적하게 된다.

○ 남이 피흘리는 것을 보고 만족해 하거나 무관심을 표하는 꿈은 거래하는 일이 성사되거나 큰 돈이 생겨서 기뻐하고 세상에 소문을 퍼뜨린다.

【하늘】

하늘은 국가나 사회의 권력기관, 넓은 세계, 진리, 제일가는 권세, 윤리, 도덕, 운세 등과 결부된다.

○ 하늘과 땅이 합쳐지는 꿈은 만사가 형통하는 대 길몽이다.

○ 하늘이 무너지거나 두갈래로 갈라져서 깜짝 놀란 꿈은 부모가 병으로 고생하거나 부모상을 당하기가 쉽다. 그리고 인연을 맺고 있었던 사람과 헤어지거나 아니면 주위에서 좋지 않은 변화가 발생한다.

○ 하늘에서 광체가 온몸을 비춰주면 재앙이 없어지고 환자는 병이 치유된다.

○ 아침해가 솟아오르는 꿈은 자손이 번창하고 만사가 대길한 길몽이다.

○ 하늘이 곧 새벽이 되려고 점점 밝아오면 수명이 장수할 징조로 본다.

○ 날개가 나서 하늘을 날아다니는 꿈은 공직에 합격하여 출세를 한다.

○ 하늘로 날아 올라가는 꿈은 장차 부귀를 누린다는 징조이기 도 하다.

○ 하늘이 크게 열리는 꿈은 구설이 많고 하는 일이 뜻대로 잘 안된다.

○ 어떤 물체가 하늘에서 완전히 분해되어 버린 꿈은 형제처럼 지내던 사람이 사망 또는 행방 불명 되거나, 하던 사업이 난 관에 봉착하게 된다.

○ 하늘에서 사람의 음성이 들려오는 꿈은 자신과 관련된 여러 가지 일들이 우후 죽순격으로 일어나게 된다.

○ 하늘의 문을 통해서 하늘로 들어간 꿈은 생애 최고의 목적 이 달성되며 영광된 자리에 추대된다.

○ 자신이 하늘에 오른 꿈은 하는 일마다 순탄하게 성공을 이 룩하고 명성을 휘날린다. 이래서 많은 사람들이 우러러 존경 한다.

○ 티없이 맑은 하늘을 바라보는 꿈은 기원하던 일이 뜻과 같 이 이루어진다.

○ 뇌성과 함께 나타난 무지개를 본 꿈은 은근히 걱정하고 있 던 국가적인 일이 현실로 나타나게 된다.

○ 하늘의 문이 열렸다가 닫힌 것을 본 꿈은 연구하던 일의 결 과를 얻거나 또는 승진을 하게 된다.

○ 우렛소리에 놀라는 꿈은 이사를 하면 길하다.

○ 우렛소리가 사방에서 나는 꿈은 장사를 하면 큰 이득이 생 긴다. 그러나 국가적 차원에서는 좋지 않은 일이 생긴다.

○ 하늘의 태양이 광체가 찬란하고 구름 한점 없이 개어보이면 만사가 뜻과 같이 성취되고 많은 사람의 존경을 받는다.

○ 하늘에 올랐다가 내려오는 꿈은 영락(零落)될 흉몽이다. 그 리고 하늘에서 갑자기 떨어지는 꿈은 불시에 재난을 당하기

233

도 한다.

○ 하늘이나 지붕위에 올라간 꿈은 부귀의 행운을 얻는 길몽이다.

○ 하늘의 천사가 부르는 꿈은 길몽이다. 천사와 이야기를 나누면 부귀를 얻는다.

【해】

해는 인물, 국가, 업적, 권세, 명예 등을 상징한다.

○ 해를 삼켰는데 그것이 태몽이 되면 명예나 권력 중에 하나는 움켜쥘 큰 인물이 출생한다.

○ 해를 향해서 경건하게 절을 한 꿈은 국가 기관에 부탁할 일이 생기고, 그 부탁이 받아들여져서 큰 이득을 취하게 된다.

○ 두개의 해가 나란히 떠있는 꿈은 어떤 일에 부딪치든 두 갈래의 길이 있으며 그 진행 방향도 마찬가지이다.

○ 떨어진 해를 받아서 안고 방으로 들어간 꿈은 초·중년은 평범하나 후·말년에는 부귀 영화를 누릴 수 이다.

○ 강가에서 해가 떠오르는것 같았는데 눈깜짝할 사이에 중천까지 치솟아 있는 것을 본 꿈은 모자가 이별을 하게되나, 그 자식이 성공한 다음에 다시 만나게 된다.

○ 평소 햇빛이 들수 없는 방같은 곳에 햇빛이 밝게 비친 꿈은 남에게 축하받을 일이 생기며 또한 영광스러운 일이 생기게 된다.

○ 떨어지는 해를 치마폭으로 받았는데 그것이 태몽일 때에는 국가와 사회를 위하여 헌신적으로 일할 사람이 태어난다.

○ 햇빛이 자기 몸을 감싸고 있었던 꿈은 환자인 경우 치유가 되고 직장인은 진급이 되며 사업자는 계획했던 일이 순탄하게 성공을 거두게 된다.

○ 해가 둥글지 않고 일그러져 있는 것을 본 꿈은 현재 추진하

고 있는 일에 발전이 없다.

○ 햇빛이 유난히 따사롭다고 느낀 꿈은 누군가를 위해 사랑과
  자비를 베풀 일이 생긴다.

○ 해가 지붕에 떨어져서 구르는데 그것이 태몽일 때에는 예술
  가나 과학자가 되어 사방에 그 이름을 떨칠만한 인재가 태어
  나게 된다.

○ 손으로 해를 움켜잡았는데 그것이 태몽일 때에는 대소사를
  막론하고 항상 선두에서 남을 지휘하는 지도적 인물이 태어
  나게 된다.

【호랑이】

명예, 권세, 재산, 박사, 학자, 대인물, 기관 등을 상징한다.

○ 호랑이나 사자가 우는 소리를 듣는 꿈은 남의 이목을 한몸
  에 집중시킨다.

○ 들판에서 여러마리의 호랑이나 사자가 어울려 노는 꿈은 어떤
  단체에서 지식인이 많은 것을 보거나 책 읽을 일이 생긴다.

○ 호랑이가 사자에게 물린 꿈은 하고 있는 일이 순조롭게 잘
  풀린다.

○ 호랑이나 사자가 자기앞에 앉아 있는 꿈은 여러계층의 사람
  들을 굴복시킨다.

○ 집에서 기르는 동물을 표범이 물어간 꿈은 제3자에 의해서
  근심 걱정이 해소되거나 아니면 재물의 손실이 있게 된다.

○ 사방에서 호랑이가 개처럼 쫓아다닌 꿈은 남에게 도움을 받
  거나 계획한 일을 추진해 나간다.

○ 토끼만한 동물이 점차 커져서 호랑이가 된 꿈은 작은 일부
  터 시작하여 점차 발전하여 번창한다.

○ 호랑이나 사자를 타고 달리는 꿈은 권력자나 공공단체 등의

도움을 받게 된다.
○ 호랑이가 무서워 떨었던 꿈은 제3자에 의해서 정신적인 고통을 받는다.
○ 호랑이를 끌고 다니는 꿈은 사람들을 마음대로 움직이거나 큰 일을 성사시킨다.
○ 호랑이나 사자가 자신을 피해서 도망치는 꿈은 일반적으로 권력 상실, 사업 실패 등이 뒤따른다.
○ 궁궐같은 집으로 호랑이를 탄채 들어간 꿈은 권력자가 되고 재물을 얻는다.
○ 호랑이와 성교한 꿈은 사업, 작품 등이 순조롭게 이루어진다.
○ 집안으로 호랑이가 들어온 꿈은 이것이 태몽이라면 세인의 이목을 집중시킬 자손이 태어난다.
○ 호랑이나 사자와 같은 맹수와 싸워서 이긴 꿈은 하고 있는 일들이 뜻대로 성사된다.
○ 호랑이나 사자에게 쫓긴 꿈은 추진하고 싶은 일이 난관에 부딪친다.
○ 사자나 호랑이를 죽인 꿈은 장애물을 물리치고 계획한 일을 성사시킨다.
○ 호랑이를 타고 가다 다른 동물로 바꿔 탄 꿈은 맡고 있는 일을 그만두거나 다른 데로 옮겨진다.
○ 돼지를 헤치러 오는 표범과 사자를 때려 잡는 꿈은 이것이 태몽이라면 출산이 순조롭게 이루어진다.

【홍수】

홍수는 정열이나 의욕의 고조를 뜻한다. 목욕탕이나 물통의 물이 넘쳐 흐른 물, 해일 등의 꿈도 같은 의미로 표상하고 있다.
○ 집안에 큰 물이 들어와 홍수가 나면 자식을 잃을 징조라 한다.

○ 홍수의 빛깔이 붉으면 늙은이가 사망할 징조이며 물빛이 푸르면 젊은이들이 불길하다.

【화장】

화장을 하거나 악세사리를 달면서 멋을 내는 꿈은 대체로 자신을 숨기고 싶어 하는 기분의 표현이다.

○ 사랑하는 사람이 화장품을 사준 꿈은 상대방이 선물을 주거나 애정의 표시를 해온다.

○ 황금 비녀와 빗을 보는 꿈은 애첩이 생길 징조이다.

○ 여러가지 화장품을 놓고 화장을 하는 꿈은 주변에 변화를 주거나 자신의 하는 일이 돋보이게 된다.

○ 화장이 지워져 흉하게 보인 꿈은 상대방을 미워하게 되고 간판, 벽화 등이 퇴색한 것을 보게 된다.

○ 거울을 보면서 화장을 하는 꿈은 자기 이외에 다른 사람의 마음까지 움직이게 한다.

○ 친구가 몰라보도록 화장을 진하게 한 꿈은 다른 사람에게 주도권을 빼앗기고 상호, 명의 등이 변경된다.

【희로애락(喜怒哀樂)】

희로애락의 표현은 사업, 친분관계, 기분, 재물, 미래 등을 상징한다.

○ 서로 빙그레 웃는 꿈은 냉대를 받거나 상대방과 다툴 일이 생긴다.

○ 알지 못하는 여성이 흐느껴 우는 것을 본 꿈은 집안이나 자기의 신상에 불미한 일이 발생한다.

○ 울음을 그쳤다가 다시 울기 시작하는 꿈은 즐거운 일이 생긴다.

○ 상대방이 기뻐하는 것을 본 꿈은 불만이나 불쾌한 일을 체

험하게 된다.

○ 정체불명의 웃음소리를 듣는 꿈은 남들의 비웃음을 살 일이
  생기게 된다.

○ 시원스럽게 대성 통곡하는 꿈은 기쁘고 만족할 만한 일이
  생긴다.

○ 많은 사람과 함께 웃는 꿈은 남과 싸우거나 남을 헐뜯는 일
  이 있게 된다.

○ 시체 앞에서 다른 사람과 함께 우는 꿈은 유산이나 재물을
  놓고 서로 다투게 된다.

○ 서로 마주보고 우는 꿈은 시비를 벌이지만 곧 냉정을 되찾
  는다.

○ 상대방이 통쾌하게 웃는 것을 본 꿈은 교활한 자의 흉계에
  말려들거나 병마에 시달리게 된다.

○ 신세를 한탄하며 슬퍼하는 꿈은 자신의 신분이나 직장, 사업
  등에서 못마땅함을 느끼게 된다.

○ 배우자가 못생겨 슬퍼하는 꿈은 상대방의 대접에 불만을 느
  끼게 된다.

○ 상대방과 서로 마주보고 웃는 꿈은 남과 의사 소통이 잘 이
  루어진다.

○ 상대방이 노래를 부르거나 흐느껴 우는 꿈은 누가 자신을
  모함하거나 해를 입힌다.

○ 국장이나 사회적인 장례식에서 군중이 우는 꿈은 국정(國政)
  이 새로워질 수 있다.

○ 분노를 폭발하여 극에 달하는 꿈은 상대방을 공격하여 제압
  한다.

○ 비위가 상하여 분노하는 꿈은 상대방을 공격하거나 싸우게
  된다.

○ 꿈속에서 불안한 마음이 생기는 꿈은 현실에서 심리적으로 불안함을 예시함이다.

○ 상대방이 화를 내는 꿈은 상대에게 압도당하거나 책망을 듣게 된다.

○ 상대방을 동정하는 마음이 생기면 어떤 일에 대한 책임감 때문에 고통을 당한다.

○ 동물을 보고 공포를 느끼는 꿈은 공포, 불안, 감동 등의 일이 생긴다.

○ 누구에게 쫓기면서 불안해하는 꿈은 어떤 일을 진행하면서 초조, 불안, 번민 등으로 불안을 체험하게 된다.

○ 죄가 탄로날까 불안에 떠는 꿈은 사업 또는 직무를 수행함에 있어서 불안한 감정을 체험한다.

○ 신령적인 존재에 대하여 불안과 공포를 느끼는 꿈은 상대방에게 존경심이 생기거나 감동의 마음이 생긴다.

○ 어떤 물건이 아름답고 섬세하게 느껴 지는 꿈은 인연, 조직, 인품, 계약 등의 치밀함을 뜻한다.

○ 무엇을 보고 신비스럽게 여겨지면 해명이 불가능한 일을 체험한다.

○ 남의 일을 부러워하면 불만이나 불쾌 또는 패배감을 체험하게 된다.

○ 육체적 통증을 느끼는 꿈은 사업이나 기타 하는 일에 고통이 따른다.

○ 자신이 건강하다고 느끼는 꿈은 자신만만함을 묘사한 것이다.

○ 하는일이 진실된다고 느끼는 꿈은 현실에서 참되고 진실됨을 암시함이다.

○ 거짓이라고 판단되는 꿈은 현실에서 어떤 일의 진리가 아님을 판단하게 된다.

○ 상대방을 속이려고 술수를 부리는 꿈은 현실에서 계교를 부릴 일이 생긴다.

○ 하고싶다 또는 하겠다라는 마음이 생기는 꿈은 현실에서 어떤 일에 대한 의욕과 추진력이 생긴다.

○ 절망감에 빠지는 꿈은 현실에서 어떤 일을 착수하는데 매우 어려움이 따르게 된다.

○ 승리감에 도취되는 꿈은 경영하는 사업의 성공을 약속하는 표현으로 본다.

○ 성스럽다고 느껴지는 꿈은 존경, 경건한 마음, 신비의 일 등과 연관이 있다.

○ 갈증을 느끼면서 해소하지 못하는 꿈은 여러가지 일들이 만족스럽지 못함을 표현 함이다.

○ 딱딱하며 굳었다고 느껴지는 꿈은 견고하고 고착된 일 등과 연관된 일들이 생긴다.

○ 끝이 없다고 생각되는 꿈은 영원함, 비현실적인 일, 허망한 일 등과 연관이 있다는 표현으로 본다.

○ 무엇인가 무한정 늘어나는 꿈은 운세, 세력, 대책 등이 확립된다는 표현으로 본다.

○ 배가 고프다고 생각이 드는 꿈은 고통, 불만, 부족함 등의 일이 생긴다.

○ 상대방이 불쌍해서 살려주는 꿈은 어떤 일거리나 사건으로 기인하여 자신이 불리해지며 피해를 입기가 쉽다.

○ 상대방이 온순해 보이는 꿈은 하는 일이 미온적이고 취약함을 내포한다.

○ 놀라운 일로 인하여 탄성을 지르는 꿈은 남에게 호소할 일이 생긴다.

○ 맑은 물이나 푸른 하늘을 보는 꿈은 마음이 밝고 명랑하며

근심과 걱정거리가 해소된다.

○ 어떤 대상을 보고 감탄하는 꿈은 남의 업적에 대하여 감탄을 하게 된다.

○ 어떤 대상을 보고 황홀한 느낌을 받는 꿈은 감동할 일, 이상적인 일을 체험 한다고 본다.

○ 악의를 갖는 꿈은 어떤 일을 강제적으로 처리하려는 의욕을 나타낸다.

○ 꿈속에서의 불만은 불안, 미수, 등의 심적 고통이 따른다.

○ 꿈속에서 만족함을 느끼면 풍요로운 일과 연관성이 있다.

○ 헌것이라고 생각되는 꿈은 과거, 쇠퇴 등의 일과 연관이 있다.

○ 어떤 물건이 새것이라고 생각되는 꿈은 새로운 일, 창조적인 일을 표현한다.

○ 남을 시기하고 질투하는 꿈은 패배의식을 느끼거나 증오 또는 비교하는 마음이 생긴다.

○ 아깝다는 생각을 하는 꿈은 어떤 일에 대한 불만, 미수 등과 연관이 있다.

○ 감사하는 마음이 생기는 꿈은 남에게 보답해야 할 일이 생긴다.

○ 부도덕한 일로 불쾌한 감정을 느끼는 꿈은 현실에서 불쾌 또는 불만을 느낄 일이 발생한다.

○ 기분이 우울해지는 꿈은 마음이 답답하고 근심거리가 생긴다.

○ 상대방의 불순한 언행으로 인하여 불쾌감을 느낀 꿈은 직장 일로 인하여 불쾌한 일을 당하거나 불만을 느끼게 된다.

○ 상대방을 미워하는 꿈은 상대방을 못마땅하게 생각하거나 불만을 가지게 된다.

○ 상대방이 명랑해 보이는 꿈은 상대방과의 거래가 원만하게 추진된다.

○ 상대방이 냉정한 태도를 보이는 꿈은 그로 인하여 속이 상하거나 신경을 쓸 일이 생긴다.

○ 명랑하고 유쾌한 기분의 꿈은 현실에서도 소원이 충족되어 유쾌한 기분을 체험하게 된다.

○ 공중에서 어린이가 우는 소리를 듣는 꿈은 어떤 작품이 세상에 널리 선전 광고됨을 예시함이다.

○ 어린아이가 울고 있는 것을 달래는 꿈은 어떤 일을 수습하지 못하여 고통을 겪게 된다.

○ 사람이 죽어서 크게 우는 꿈은 하는 일이 성사되어 크게 만족하며 주위에 소문이 높이난다.

○ 조상이 슬퍼하는 것을 보는 꿈은 호주나 또는 직장 상사에게 불행한 일이 발생하여 그 영향을 받게 된다.

○ 아무런 표정 없이 슬퍼하는 꿈은 기쁘기는 하나 한편 불만을 지니게 된다.

○ 남이 자기에게 미소를 지어 보이는 꿈은 불안이나 불쾌감을 체험하게 된다.

○ 잠시 또는 임시라고 생각되는 꿈은 단시일내에 이루어진다는 표현이다.

○ 시간이 늦었다고 생각되는 꿈은 어떤 일이 목표에 미달됨을 나타낸다.

○ 상대방을 위로하는 꿈은 남을 염려하거나 남의 간섭을 받게 된다.

○ 비행기 승차시 또는 보행시에 편안함을 느끼는 꿈은 사업이 안정되고 일신이 평안하며 계획한 일이 잘 진행된다.

○ 고통 끝에 평온을 느끼는 꿈은 고생 끝에 즐거움이 있다.

○ 신령적인 존재, 은인, 조상 등이 자기를 사랑하는 태도를 보이는 꿈은 은인이나 협조자를 만나 크게 도움을 받는다.

○ 이성이 애정을 표시하는 꿈은 어떤 사람에게 유혹을 당하는 일과 관계가 있다.

○ 이성에 대하여 욕정이 생기는 꿈은 어떤 일에 대해서 불쾌, 불만, 미수 등의 일이 생긴다.

○ 무관심속에 바라보는 꿈은 마땅히 이루어질 일과 연관된다.

○ 상대방이 무표정해 보이는 꿈은 상대방으로부터 근심이나 걱정거리가 해소된다.

○ 추하다고 느껴지는 꿈은 마음에 들지 않는 사람이나 물건 등을 보게 된다.

○ 불의를 보고 마음이 상한 꿈은 남과 다툴 일이 생긴다.

○ 미워서 적의를 가지는 꿈은 어떤 사람을 마음으로 동경하게 된다.

○ 몸에 오물이 묻어 불쾌감을 느낀 꿈은 창피한 일이나 죄책 감 또는 근심, 걱정 등으로 인하여 마음이 불편하다.

※ 꿈속에서의 고통은 현실 생활에서 그대로 표현된다.

2. 복권 당첨자들의 꿈

　여기에서 복권 당첨자들이 사전에 꾼 꿈들의 일부를 소개하는 것은 꿈의 예정(豫定)을 사전에 예지(豫知)하고 있다는 것을 나타내기 위하여 해석은 생략하고 특이한 꿈 몇 가지를 소개한다.

○ 황금: 친구들과 여럿이 길을 걷는데 황금덩이가 길 가운데 놓여져 있었다. 누구든지 먼저 줍는 사람이 임자라고 말해서 얼른 뛰어가 줍고 보니 다른 사람은 보이지 않고 혼자 뿐이었다고 한다.

○ 사금(沙金): 세수를 하는데 머리에서 모래가 쏟아졌다. 깜짝 놀라 자세히 보니 대야에 가득한 모래는 모두가 반짝이는 사금이었다. 그것을 손으로 저어보다가 잠이 깨었다.

○ 용: 용 두 마리가 공중을 날고 있었다. 그 중 한 마리가 쏜살같이 내려와 본신을 통채로 삼켜버렸다. 뱃속에서 요동을 쳐서 토해 놓았는데 내 몸은 용의 피로 젖어 있었다.

○ 돼지: 어떤 낯선 곳을 가는데 돼지 우리에 있던 크고 작은 돼지 여러마리가 몽땅 울밖으로 나와서 길을 막았다. 이것을

비키지 못하고 잠이 깨었다.

○ 돼지: 어린 손녀애를 데리고 들로 일을 하러가는 길가에서 큰 돼지가 땅을 헤치며 돌아다니는 것을 보았다. 그러자 어린 것이 그 돼지의 꼬리를 어른같이 잡고 집으로 몰고 들어 왔다.

○ 돼지: 국민학생인 장남의 꿈에 돼지가 덤벼들어 그 놈과 싸 워 이겼다고 한다.

○ 돼지: 계원이 잔치를 치르는데 화장실에 갔다가 큰 돼지 한 마리가 달려들어 길을 막아서 다른데로 비켜 가려니까 또 한 마리의 큰 돼지가 달려드는 꿈을 꾸었다.

○ 불: 인천역이 온통 불바다가 되어 활활 타고 있는 꿈을 꾸 었다.

○ 불: 복권 당첨 전날밤 현재 살고있는 집에 불이나서 전부 휠휠 타버리는 꿈을 꾸었다.

○ 똥: 죽은 남편의 군복에 똥이 많이 묻은 것을 만지다가 내 옷에도 흠뻑 묻었다. 남편의 호주머니에서 천원권 한장이 나 왔는데 그것을 본 남편은 복권을 사라고 말했다.

○ 똥과 불: 부인의 꿈에서는 대변을 온몸에 뒤집어 썼고 남편 의 꿈에서는 계속 3일간 불이 나는 꿈을 꾸었다고 한다.

○ 똥과 물: 남편의 꿈에서는 잘 다듬어진 큰 우물에서 물을 푸다가 부엌에 가보니 독과 항아리에 물이 가득히 담겨 있었 다. 아내의 꿈에서는 변소에 들어가 용변을 보고 일어서니 변소 안이 누런 똥으로 가득차 있어 크게 놀라 바라보다가 잠을 깨었다.

○ 물고기: 가파른 언덕을 올라가서 아래를 내려다보니 파란 강물이 언덕밑을 흐르고 있는데 수많은 물고기가 물밖에서 뛰어 놀고 있었다. 어느새 가까이 가서 그 중 제일 큰 놈 한

마리를 잡았다.

○ 호랑이: 형수의 꿈에 호랑이가 달려들어 품에 안았다 한다.

○ 호랑이: 부인의 꿈에 호랑이가 집을 지켜주는 것을 보았다고 한다.

○ 포도: 동구밖 부자 집에서 포도밭 잡일을 하고 있었다. 눈 앞에 포도가 탐스럽게 달린 한 송이가 나타나 자세히 보니 포도송이 속에 유독 자기 주먹만한 크기의 포도알이 있기에 그것을 먹었다 한다.

○ 예수: 부인이 새벽기도(새벽1시10분)를 드리던중 환각상태에서 예수께서 말씀하시기를 「주 하나님의 은혜가 너에게 이르렀노라」하시면서 소나무 분재를 주셔서 받았다 한다.

○ 총알: 어느 낯선 사나이가 군중속에서 권총을 높이 쳐들고 「여기 단 한발의 총알이 있는데 누구를 쏠까」하면서 총을 마구 휘둘러댔다. 모두들 총뿌리를 피해서 땅바닥에 머리를 대고 숨었다. 잠시 조용하여 주위를 살펴보느라고 고개를 들었는데 순간 이마 한 가운데에 총알을 맞고 깜짝 놀라 잠을 깨었다고 한다.

3. 현대 인기인들의 태몽(胎夢)

○ 여류성악가(교수) 김모씨의 어머니가 꾼 태몽
  꿈:「창밖 나무위에 수백마리의 참새떼가 울고 있었다. 그
  노랫 소리가 너무나 아름다워 창문을 열었더니 그 중 한마리
  가 방안으로 날아 들어와 그 새를 꼭 껴 안았다」한다.

○ 영화배우 장모씨의 어머니가 꾼 태몽
  꿈:「집앞에 하늘을 찌를듯한 감귤나무 한 그루가 서 있었
  다. 그 나무 밑에는 많은 사람들이 몰려와 나무를 쳐다보고
  있었는데 그 나무에는 항아리만한 큰 감귤 두 개가 열려 있
  었다. 나는 그것을 따려고 나무위로 올라가려 하는데, 감귤
  두 개가 저절로 내 치마속에 떨어져 받았다」한다.

○ TV탤랜트 김모씨의 어머니가 꾼 태몽
  꿈:「수염이 하얀 할아버지가 탐스러운 사과 세 개를 주면서
  먹으라고 했다. 나는 한 개를 먹으니 배가 불러서 도저히 더
  먹을 수가 없었다. 남은 두 개는 쌀 뒤주 속에 넣어 두었다」

한다.

○ 인기 가수 최모씨의 어머니가 꾼 태몽.
　꿈:「탐스럽게 피어있는 노란꽃 화분을 보았다. 생전 처음
　보는 꽃이기에 집으로 갖고 들어왔다. 이를 다시 보았을 땐
　꽃은 이미 간데없고 어느새 사과 같은 과일이 주렁주렁 열려
　있었다」한다.

○ 영화배우 윤모씨의 어머니가 꾼 태몽
　꿈:「파도가 넘실대는 바닷가 바위위에 앉아있던 갈매기 떼
　가 날아오는데 수천 마리는 될 듯 싶었다. 이상히 여기고 있
　는데 그 갈매기들은 나를 둘러 싸더니 아름다운 노래를 불러
　주었다. 순간 나는 산 정상에 높이 올라 앉아 있었다」한다.

★신개념 한국명리학총서(전15권)★ (금액 194,000원)

① 행복을 찾고 불행을 막는 점성술
정용빈 편저/신국판 204쪽/정가 12,000원
자연학의 원리를 이용하여 모순을 만나게 되는
것을 알 수 있게 하여 불운을 쫓아내는 것이 육
갑법 점성술이다.

② 손금으로 자기운명 알 수 있다
백준기 역/신국판 252쪽/정가 12,000원
뇌의 中樞神經의 작용이 손에 집중되어 표현되
는 사실을 도해로 설명하면서, 장래의 예지 등을
제시한다.

③ 얼굴은 이래야 환영받는다
백준기 역/신국판 240쪽/정가 12,000원
관상의 기본이 되는 三質論의 상세한 해설을 비
롯, 인상의 연령 변화, 복합관상 등, 결과에 따
른 원인을 구명했다.

④ 사주팔자 보면 내운명 알 수 있다
정용빈 편저/신국판 380쪽/정가 18,000원
12천성과 음양 오행의 심오한 이치를 누구나 알
기 쉽게 재정립한 사주 명리학의 결정판

⑤ 꿈해몽은 이렇게 한다
정용빈 편저/신국판 250쪽/정가 14,000원
꿈에는 자신의 희미한 성패의 비밀이 숨겨져 있
어 이를 풀이하고, 역사적 인물들이 남긴 꿈들을
수록했다.

⑥ 여성사주로 여성운명을 알 수 있다
진옥숙 저/정용빈 역/신국판 254쪽/정가 12,000원
연애·결혼·건강·사업 등, 동양의 별의 비법이 밝히
는 여성의 운명, 너무도 정확해서 겁이 날 정도
다.

⑦ 풍수지리와 좋은 산소터 보기
정용빈 편저/신국판 262쪽/정가 12,000원
산소 자리를 가려서 육체와 혼백을 잘 모시면
신령(神靈)이 편안하고 자손 또한 편안하다.

※ 출판할 원고나 자료 가지고 계신 분
출판하여 드립니다.
문의 ☎ 02-2636-2911번으로 연락

⑧ 이름감정과 이름짓는 법
성명철학연구회 편/신국판 260쪽/정가 12,000원
기초 지식부터 이름 짓는 방법, 성명감점 방법,
이름으로 身數를 아는 방법 등을 자세히 설명했
다.

⑨ 나이로 본 궁합법
김용호 지음/신국판 334쪽/정가 14,000원
생년·월·일만 알면 생년의 구성을 주로 하여 생일
을 가미시켜 조심자도 알기 쉽게 했다.

⑩ 십이지(띠)로 내 평생 운세를 본다
김용호 편저/신국판 290쪽/정가 14,000원
동양철학의 정수인 간지(干支)와 구성(九星)학을
통하여 스스로의 찬성, 천운, 길흉을 예지하기
쉽게 기술했다.

⑪ 이런 이름이 출세하는 이름
정용빈 편저/신국판 227쪽/정가 12,000원
성명 철리(哲理)의 문헌을 토대로하여 누구나 좋
은 이름을 지을 수 있도록 쉽게 정리했다.

⑫ 오감에서 여성 운세 능력 개발할 수 있다
김진태 편저/신국판 260쪽/정가 12,000원
미각·촉각·후각·청각·시각을 이용하여 교제 능력을
기우고, 자신의 운세를 개발할 수 있도록 했다.

⑬ 신랑신부 행복한 궁합
김용호 편저/신국판 250쪽/정가 12,000원
역리학적인 사주명리의 방법 외에 첫 인상, 관
상, 수상, 구성학, 납음오행 등을 기호에 맞게
기술했다.

⑭ 택일을 잘해야 행복하다
정용빈 편저/신국판 260쪽/정가 12,000원

⑮ 달점으로 미래운명 보기
문(moon)무라모또 저/사공혜선 역/신국판 280쪽/
정가 14,000원

신개념 한국명리학총서 ⑤

꿈해몽은 이렇게 한다	定價 14,000원

2011年 4月 25日 1판 인쇄
2011年 4月 30日 1판 발행

편 저 : 정 용 빈
(松 園 版)
발행인 : 김 현 호
발행처 : 법문 북스
공급처 : 법률미디어

152-050
서울 구로구 구로동 636-62
TEL : 2636-2911~3, FAX : 2636~3012
등록 : 1979년 8월 27일 제5-22호
Home : www.lawb.co.kr

▌ISBN 978-89-7535-202-7 04150